朱陸異同新論

—— 以「心與理、心與物」為向度之新綜析

王 大 德 著

文 史 哲 學 集 成
文史哲出版社印行

國家圖書館出版品預行編目資料

朱陸異同新論：以「心與理、心與物」為向
度之新綜析 / 王大德著. -- 初版 -- 臺北
市：文史哲, 民 98. 05
　頁; 公分. -- （文史哲學集成；566）
　參考書目:面
　ISBN 978-957-549-843-6 (平裝)

　1.（宋）朱熹 2.（宋）陸九淵 3.學術思
想 4.理學 5.比較研究

125.5　　　　　　　　　　　　98007548

文史哲學集成　566

朱陸異同新論

── 以「心與理、心與物」為向度之新綜析

著　　　者：王　　　大　　　德
出 版 者：文　史　哲　出　版　社
　　　　http://www.lapen.com.tw
　　　　e-mail:lapen@ms74.hinet.net
登記證字號：行政院新聞局版臺業字五三三七號
發 行 人：彭　　　正　　　雄
發 行 所：文　史　哲　出　版　社
印 刷 者：文　史　哲　出　版　社
　　　　臺北市羅斯福路一段七十二巷四號
　　　　郵政劃撥帳號：一六一八○一七五
　　　　電話886-2-23511028・傳真886-2-23965656

實價新臺幣三○○元

中華民國九十八年（2009）五月初版

蔡　序

　　「朱陸異同」是一個老題目，八百年來廣有論述，但各說各話，似乎難有定論。一般雖也知道朱子講「性即理」，陸象山講「心即理」，因此又有「程朱理學」與「陸王心學」之稱。其實，陸王「心學」也同時是「理學」，而「性即理」三字，更是宋明儒者之共識，陸王也同樣講說「性即理」也。

　　理學也稱性理學，而一般用到「性理學」時，都以程朱為標準，而陸王被排除在外，這是不妥當的。二十年前，中韓合作在台北召開「近世儒學與退溪學」國際學術會議。我提的論文〈性理的全義與偏義〉〈已編入拙著《新儒家的精神方向》書中〉，曾簡括地說，性理本體是理，也同時是心、神、寂感，理是創生原理，能妙運氣化而生生不息，故是「即存有即活動」者。小程子與朱子以外的理學家都屬於此一系統。只有小程子與朱子所謂的性理，義有差別。伊川與朱子講的「性即理」還有一句補足語，即「性只是理也」。性，只是理而已，理以外的「心、神、寂感」義，皆從性理本體脫落下來而歸屬於氣，於是性理只成為本體論的靜態的實有，而不能妙運生生、起創造作用，故是「只存有而不活動」者。

　　再簡要而言，你講的性理，如果兼含「心、性、理」，是「即心即性即理」的，那就是「全義的性理」。如果你講的性理，只是理而已，而心〈神、寂感〉下屬於氣，這就是「偏義的性理」，明

顯地與孟子「本心即性」的義理不合。因此，朱陸異同的焦點，並不在於「先泛觀博覽而後歸之約」或「先發明人之本心而後使之博覽」，也不在於「太簡」與「支離」之對斥，甚至也不在於「尊德性」與「道問學」之差別。這些都不是本質性的關鍵，都是可以疏通說明的。朱陸異同最後的癥結，是「心」與「性」是否為一。如果朱子系統肯許「心性為一」，朱陸異同自可會通。如果朱子堅持心性異層〈性是理，屬形而上；心是氣，屬形而下〉，則朱陸異同便無法會通，而決然確然是二個系統。（當然，二個系統仍同屬於儒家。）

以上的意思，在我的著書和論文裡多有講論，但那是我個人學知之所得。而青年朋友仍須經過他自己的學思，來理解和證驗不同層面不同脈絡的義理。王君大德此一書稿，便是他在學知過程中探索研求之所得。

王君就讀中央大學哲學研究所時，對中西哲學兼顧並重。升入中國文化大學哲學系博士班後，研究之重點便轉向中土儒家之學。有感於「朱陸異同」切關儒家學脈，在德性工夫的實踐上也有著緊密的關係，所以選擇這個老題目來作新的探索。

王君認為，朱陸異同的討論，最能透顯儒家重實踐的精神，傳統儒家的終極關懷在於「踐德以成聖」。千百年來儒門人物的實踐，自已凝成聖賢君子而垂範後世。但降至近代，儒家思想與中國文化遭逢西學強勢的衝擊而闇然失色，面對國家政治的混亂和科學技術的落後，竟乃因應無方，束手無策。二十世紀的儒教中國，幾成瓦解之勢。當代新儒雖有痛切之反省與深入之疏導，但傳統學術中的種種問題，仍須一一釐清。基於如此之感受，王君乃著眼於「道德」與「知識」的關係，依循朱陸異同中「心與理」「心與物」這二個向度進行探索和辯析。而儒者對於「心」的態

度和對於「物」的態度，尤爲王君所深心關注。

　　書中最具特色的地方，是關於本心本具的「踐德知能」之論述。關於「本心之踐德大能」與「本心之生物大用」，皆提出相應中肯的自得之見。其言之未盡透徹深切處，宜當順之深入以期他日之進益。書之末章列舉自己研究所得十二點，既是王君的實心之言，也是他虛心求教的具體陳述。而「實踐之漫忽」與「儒學之開展」二節，則顯示他的省思與嚮往，這也應該是學界共同關心的所在。

　　　　　　　　　　　　　　蔡仁厚　民國九十一年秋月
　　　　　　　　　　　　　　　　　　於東海大學哲研所

朱陸異同新論
— 以「心與理、心與物」為向度之新綜析

目　　次

第一章 導 論

第一節 本文之研究動機、進路與步驟

一、研究動機

「朱陸異同」乃中國儒學八百多年來之一大公案，時至今日，筆者仍欲探究此問題之動機，主要有如下數點：

一、「朱陸異同」涉及儒學極深、極根源之智慧與義理，欲釐清「朱陸異同」，自然必須對之有相當的領會方有可能。欲藉本文之研究迫近儒學極深、極根源之智慧、義理，藉以端正生命之方向，乃筆者研究本題之根本動機。

二、「朱陸異同」亦透顯出儒學「重實踐」之根本精神，非僅象山念茲在茲而已，踐德成聖亦爲朱子生命之終極關懷。筆者認爲儒學之所以爲儒學最爲本質之處，即在此「重實踐」之精神上也。此所謂「重實踐」係指以全幅真生命頂上去，存在地繼承儒學之慧命，以之淨化一己之生命，並接引來者也。此種儒學「重實踐」之根本精神，在當代可謂已被遺忘矣！「朱陸異同」正是最能凸顯儒學此種「重實踐」精神之絕佳問題。欲藉「朱陸異同」之探討，喚醒儒學「重實踐」之根本精神，亦是本文研究動機之一。

三、一個道德行爲之成就，除了「心」之外，「物」亦是不可少的。朱陸之爭的一大原由便在兩人對「物」所取之態度不同上也。在「心」之一面，先儒之言可謂備矣！至於「物」之一面，以往先儒因時代背景之限制，尚未能盡其全幅義蘊。影響所及，遇有牽涉至「物」之義理糾結時，他們亦多半未能清楚地說明與界定—筆者認爲「朱陸異同」正是其中典型之一例。今亦欲藉本題之研究探討心對物之融攝問題—此研究不但對「朱陸異同」之釐清極有助益，同時亦有實踐上之必要性，另一方面亦可展示儒學關於「物」之一種特有之「知識學問」[1]，而顯儒學之理趣。

四、當代對傳統儒學之不足，多所反省也。[2]指出傳統儒學未能開出民主、科學，是其中顯著之一例。傳統儒學是否因對知識之重視不足，故未能開出民主、科學？或傳統儒學根本有礙於知識之攝取？筆者認爲欲徹底釐清上述

1　「知識學問」係指在重實踐之精神下，對知識（道德行爲之後天材質成素）以理性之態度加以探討、分析而成就之學問。「知識學問」之最終目的仍在求有助於吾人之道德實踐，而不同於西方之知識論也。

2　以陽明爲例，如勞思光先生說：「陽明只重視道體道德行爲上所需之知識或了解問題。陽明自亦不能否認具體道德行爲必涉及所關之事理，否則無由獲得內容，然而陽明不願深究此一段落中之特殊問題，而只認爲事理甚簡而易知，似不成爲大問題。」請參閱：《新編中國哲學史（三上）》（台北：三民書局，七十八年）頁 415。林安梧先生說：「依陽明學整個體系來看，它所強調的是道體、心體這兩端所構成的圓環互動，而忽略了道體與事理（社會事實、社會結構）的關係。」請參閱：《陽明學學術討論會論文集》（台北：國立台灣師範大學人文教育研究所中心，七十八年）頁 120。林先生又說：「整個說來，陽明學太強調『人』之爲一個本體的存有，此本體之存有是通極於宇宙六合自然人間的。…但問題是人不祇是作爲一本體的存有，而且亦作爲一社會的存有及歷史的存有，人須得面對社會的事實及歷史的事件。」同上，頁 121。王開府先生亦說：「陽明有意將德性的良知，擴大範圍以涵蓋非德性的知（見聞）。」同上，頁 83。

問題，最終還是必須回到儒學之本質處，探究在道德實踐中，知識與道德心結合之過程與情狀等，方能據以回答傳統儒學是否真有礙於知識之攝取，以及是否有可能在不犧牲傳統儒學根本精神之前提下，開出民主、科學、乃至藝術等。朱陸異同正是在此時代新需求之洪流衝擊下，據以說明如何保存儒學根本精神，並廣開儒學生面之一極佳之觸媒。

五、在朱子學中主要是通過即物窮理（其中尤以讀書爲要）來知，惟朱子學並非僅止於知而已，知後仍需力行也。筆者以爲象山之所以批判朱子不是因即物窮理必然有弊，亦非因「即物窮理→力行」之路一定行不通。象山曰：「『揣量模寫之工，依放假借之似，其條畫足以自信，其節目足以自安。』此言切中晦翁膏肓。」[3]象山之所以批判朱子，主要是因象山極爲清楚地見到朱子學「即物窮理→力行」之路，有許多知性之執的陷阱存在。人若無本心之明引導，在「即物窮理→力行」之路上，將不可免地會常落入此等陷阱之中而不自覺。落入之後再由之翻起，亦較爲不易也。朱子正是常落入知性之執之陷阱中，而不斷地艱苦翻起，再繼續奮進者也。陽明曰：「文公格物之說，只是少頭腦。」[4]陽明亦認爲在爲學之初若能先有本心之明爲頭腦，則「即物窮理→力行」之路將

---

3 《象山全集》，筆者引用台灣中華書局本（六十八年七月台三版），引文出自中華本卷三十四、語錄上、頁19，後文皆從此。

4 《王陽明全書》（亦稱《王文成公全書》），以謝廷傑彙本較爲完備。筆者爲方便起見，引用根據謝氏彙本重編的台北正中書局本（六十五年三月台五版）。正中本分四冊，本文言及陽明思想時，出處以冊、頁數形式表達。引文出自《王陽明全書》冊一、頁82，後文皆從此。

更為順遂也。此時代不可免地，已是一知性發達，甚且氾濫之時代。欲實踐道德者，較以往更易落入知性之執的陷阱中。因而對此等陷阱更為清楚地照見、覺察，就愈發重要了。此一照見、覺察同時亦將有助於由「第二義學問」躍升至「第一義學問」也。今欲藉本題之探究，對此知性之執所形成之陷阱予以清楚地說明，此一研究不但有助於朱陸之爭的釐清，同時亦有時代需求之迫切性。

二、研究進路

牟宗三先生指出，朱陸之爭的客觀義理之最後癥結在心與性之關係。[5]朱陸異同之癥結，既然在心性之關係上，「心與理」向度之重要，自不待言。

此處所要補充說明者，是「心與物」向度之研究，對朱陸異同之釐清，亦極有助益。「心」與「物」之層次是不相同的，牟宗三先生認為先儒對此二者未曾嚴格劃分開：

> 儒家對於識知與知體明覺之知，…並未曾嚴格劃分開，然而並非不可嚴格劃分開。其所以未曾劃分開，並非層次混亂，乃實是眉目很清楚地急欲以良知通見聞而為一也。它並未留住於見聞之知這一層次上積極地展示一說明經驗知識的知識論。它說及見聞是通於良知而說，結果乃是知體之流行於日用，還是在說明實德實事，而不在說明知識。…可是既有經驗知識，而此亦復必要，則即需要獨立地予一反省的說明。在此一層次上，嚴格的劃分是必要的。[6]

5 牟宗三：《從陸象山到劉蕺山》（台北：學生書局，七十三年十一月再版）頁123。
6 牟宗三：《現象與物自身》（台北：學生書局，七十三年八月四版）頁448。

先儒並未嚴格地區分「心」與「物」，牟先生認為這並非因先儒對此二者之層次有所混淆，而是因他們一心實踐，急欲以「心」通「物」而為一，因而未在「物」之層面多作停留而已。時至今日，則應予「物」一獨立之反省說明。不過，區分「心」與「物」，並予「物」一獨立反省說明之目的，並不是為了要使「物」完全脫離「心」而獨立發展。我們知道，儒家是以道德意識為中心來說明人類一切活動的意義。李明輝先生指出：「儒家傳統之所以有別於其他傳統者在於：它將一切文化活動視為人類精神生命之表現，而以道德價值為其他一切價值之共同根源或基礎。」[7]牟先生之所以主張要凸顯「心」與「物」在層次上之可區分性，並在「物」之層面多作探討，應是在保持儒學本質的前提下為之的，並非為了要使「物」完全脫離「心」而獨立發展。

牟宗三先生稱「心」為道德行為之「形式因」，「物」為道德行為之「材質因」[8]。我們的一切道德行為都必須有「物」為其補充，「物」並非內含於「心」自身，而是要知之於外而待學的。牟先生在《從陸象山到劉蕺山》一書論及陽明處說：

> 一切行為皆須有此知識之條件。是以在致良知中，此「致」字不單表示吾人作此行為之修養工夫之一套，（就此套言，一切工夫皆集中於致），且亦表示須有知識之一套以補充之。此知識之一套，非良知天理所可給，須知之於外物而待學。因此，每一行為實是行為宇宙與知識宇宙兩者之融一。[9]

---

7 李明輝：《儒學與現代意識》（台北：文津出版社，八十年九月初版）序言，頁 3-4。
8 牟宗三：《從陸象山到劉蕺山》（台北：學生書局，七十三年）頁 251 及《現象與物自身》（台北：學生書局，七十三年）頁 441。
9 牟宗三：《從陸象山到劉蕺山》（台北：學生書局，七十三年十一月再版）頁 250。

每一道德行爲實是行爲宇宙與知識宇宙兩者之融一。既然道德行
爲所牽涉者不單是「心」（形式成素），亦有「物」（材質成素），
那麼在探討朱陸異同時，理應對此二者皆有所交代。因而除了「心
與理」之外，本文亦定「心與物」爲另一主要之研究向度。

三、研究步驟

筆者欲分別探討朱、陸關於「心」、「物」與「實踐工夫」之
種種不同主張及其背後之理據，衡定是非之後，再據以說明於道
德實踐時，對「心」、「物」應取何種態度爲佳。之後，再以前述
研究所得，釐清如「尊德性與道問學」等一般問題。因而本文之
研究步驟如下：

一、第二章探討朱、陸在「心與理」方面之異同。

二、第三章探討朱、陸在「心與物」方面之異同。

三、第四章探討朱、陸在「實踐工夫」方面之異同。

四、第五章探討朱、陸在「心與理」、「心與物」異同之根源
　　問題 ── 本心有無踐德大能與生物大用？再據以說明對
　　「心」、「物」應取之正確態度。

五、第六章則爲本文之結論。

第二節　朱陸之成學歷程

一、朱子之成學歷程

朱子名熹，字元晦，又字仲晦，號晦庵，又號晦翁，後世以
考亭稱之。生於宋高宗建炎四年（西元 1130），卒於宋寧宗慶元

六年（西元 1200），享年七十一歲。朱子之父名松，號韋齋，師事羅豫章，與李延平爲同門友。

　　朱子年十四時，韋齋卒，奉遺命從學於劉屏山、劉白水、胡籍溪三位先生。朱子十九歲中進士，但自謂並不以科舉爲意。語類有云：「因言科舉之學，問：『若有大賢居今之時，不知當如何？』曰：『若是第一等人，他定不肯就。』又問：『先生少年省試報罷時如何？』曰：『某是時已自斷定，若那番不過省，定不復應舉矣。』」[10]。

　　朱子曾說其十九歲考進士之文，主要是順禪的脈絡來發揮的。朱子曰：「一日在病翁所會一僧，與之語。…去扣問他，見他說得也煞好。及去赴試時，便用他意思去胡說。是時文字不似而今細密，由人粗說，試官爲某說動了，遂得舉。」[11]劉屏山、劉白水、胡籍溪三位先生雖是儒家，但亦近禪好佛。朱子曰：「初師屏山、籍溪。……某自見於此道未有所得，乃見延平。」[12]「某少時未有知，亦曾學禪，只李先生極言其不是。」[13]所以，朱子歸宗儒學，應是在師事延平之後。

　　二十四歲朱子赴任同安主簿，過南平時以後進之禮謁李延平，唯當時未能與延平之學相契，故直至三十一歲時始正式受學，又三年後，朱子三十四歲時延平卒。朱子曰：「舊聞李先生論此最詳，後來所見不同，遂不復致思，今乃知其爲人深切。…當時既

10　《朱子語類》筆者引用台北文津出版社本（七十五年十二月版）。文津本分八冊，本文引用《朱子語類》文時，出處以卷、冊、頁數形式表達。引文出自《朱子語類》卷百四、冊七、頁 2672。後文皆從此。
11　《朱子語類》卷百四、冊七、頁 2620。
12　《朱子語類》卷百四、冊七、頁 2619。
13　《朱子語類》卷百四、冊七、頁 2619。

不領略，後來又不深思，遂成蹉過，孤負此翁耳。」[14]朱子雖然敬重延平，但一直並不契於延平「觀未發之中」的爲學進路。

三十七歲時，朱子開始與張南軒討論中和問題，共有四書，此四書一般稱之爲「中和舊說」，其中兩書朱子自加注語，表示舊說非是。「中和舊說」四書主要的問題是：

a、將「良心發見」之發，與喜怒哀樂未發、已發之發，混而爲一。

b、對孟子四端之心，與中庸喜怒哀樂之情，形成混擾。

c、對孟子之本心，體悟不足。

d、對中體、性體、天命流行之體，實未有相應之契悟。

e、對仁體之體悟亦有不足。[15]

朱子四十歲時有「已發未發說」以及「與湖南諸公論中和第一書」。一開端朱子便明白表示：舊說各書之所以認「心爲已發、性爲未發」，乃是順著伊川「凡言心者皆指已發而言」一語而來。而且朱子所謂「致察於良心之發見」一義，亦是順伊川此語而提出者。當朱子發現「已發爲心，未發爲性」有所不妥時，便連帶著將「致察於良心之發見」一路之義理加以拋棄，這便是朱子轉折走向「中和新說」之關鍵。

朱子四十歲之春，與門人蔡元定言未發之旨，問辨之際，忽然自疑。於是急轉直下，而有「中和新說」之一說二書：一說是「已發未發說」，二書是「與湖南諸公論中和第一書」以及「答張

14　《朱子大全》（又稱《朱子文集》）筆者引用據明胡氏刻本校刊之台灣中華書局本（七十四年三月台三版）。中華本分十二冊，本文引用《朱子大全》文時，出處以卷、冊、頁數形式表達。引文出自《朱子大全》卷四十三、冊五、頁29。後文皆從此。

15　蔡仁厚：《哲學史與儒學論評：世紀之交的回顧與前瞻》（台北：學生書局，九十年）頁187-188。

欽夫書」。「中和新說」之一說二書,大體代表朱子成熟之思想,可以視爲定論。「中和新說」之重點不過兩大端:一是心性情三分,心統性情;一是靜養動察,敬貫動靜。朱子後來思想之發展,即以「中和新說」爲主要之根據。[16]朱子四十歲建立「中和新說」,再經三年,又有「仁說」之論辯─以「心之德」、「愛之理」說仁。之後,朱子便落於大學建立他的學問綱領與義理規模。

以下略述朱子生平若干重要事蹟[17],以助了解朱子學思之形成:

- 四歲─父指天示之曰:「天也。」熹問曰:「天之上何物?」父異之。
- 五歲─入小學。日後回憶曰:「心便煩惱天體是如何?外面是何物?」。
- 八歲─就傅,授以《孝經》。題其上曰:「不若是,非人也。」嘗從群兒戲沙上,以指畫八卦。
- 十四歲─父韋齋卒,奉遺命從學於劉屏山、劉白水、胡籍溪三位先生。
- 十八歲─舉建州鄉貢。
- 十九歲─中進士。
- 二十二歲─詮試中等,授同安主簿。
- 二十四歲─赴任,過南平時以後進之禮謁李延平。
- 二十九歲─再見延平,行狀云:「歸自同安,不遠數百里,徒步往從之」。

---

16 蔡仁厚:《哲學史與儒學論評:世紀之交的回顧與前瞻》(台北:學生書局,九十年)頁189。
17 本文言朱子生平事蹟,主要參考陳榮捷:《朱子新探索》(台北:學生書局,七十七年)頁62-79。

- 三十一歲─正式拜延平爲師。
- 三十四歲─延平卒。
- 三十五歲─編成《延平答問》。
- 三十八歲─訪張南軒於潭州，討論中和問題，而有「中和舊說」四書。
- 四十歲─建立「中和新說」。
- 四十一歲─築寒泉精舍。
- 四十二歲─創立社倉於五夫里。
- 四十三歲─建立「仁說」。
- 四十六歲─呂伯恭來訪，於寒泉精舍同編《近思錄》。同年，與象山兄弟及江浙諸友有鵝湖之會。
- 四十九歲─差知南康軍。
- 五十歲─赴任，候命於鉛山，陸子壽來訪。到任後，興利除害，大舉荒政，並修白鹿洞書院。
- 五十二歲─象山來訪，於白鹿洞書院講「君子喻於義，小人喻於利」。
- 五十九歲─開始與象山辯太極圖說。
- 六十五歲─修嶽麓書院。
- 七十一歲─朱子卒，死前三日仍改大學註。

二、象山之成學歷程

　　陸象山諱九淵，字子靜，生於宋高宗紹興九年二月己亥（西元 1139），卒於宋光宗紹熙三年十二月十四日（西元 1193），享年五十四歲。與朱子書信往來計四十餘通，凡十七年。[18]

---

18 陳榮捷：《朱學論集》（台北：學生書局，七十一年）頁 251-269。

　　全祖望曰：「三陸子之學，梭山啓之，復齋昌之，象山成之。」
[19]象山生長在一個重德的家庭，自幼受父兄潛移默化，影響自是
非同小可。據〈年譜〉載，象山父陸賀端重不伐，究心典籍，見
於躬行。[20]陸賀生六子。長子九思，字子疆，舉鄉舉，封從政郎，
著《家問》，朱子爲跋曰：「家問所以訓飭其子孫者，不以不得科
第爲病，而深以不識禮義爲憂。其懇懇懇切，反覆曉譬，說盡事
理，無一毫勉強緣飾之意，而慈祥篤實之氣藹然。諷味數四，不
能釋手。」二子九敘，字子儀，公正通敏，時賢稱曰處士。三子
九皋，字子昭，文行俱優，舉鄉舉，晚得官，終修職郎，監潭州
南獄廟。名齋曰庸，學者號庸齋先生，有文集。四子九韶，字子
美，不事場屋，兄弟共講古學，因奏立社倉之制行於鄉，民甚德
之，號梭山居士，有文集曰〈梭山日記〉。五子九齡，字子壽，知
名士無不尊師之，登進士第，學者稱復齋，有文集行於世。與象
山齊名，人稱「江西二陸」。

　　以上是象山的家學淵源。

　　門人詹子南嘗問：「先生之學，亦有所受乎？」象山曰：「因
讀孟子而自得之。」[21]象山自謂：「竊不自揆，區區之學，自謂孟
子之後，至是而始一明也。」[22]孟子可說是決定象山思想方向之
關鍵性人物，對象山影響之大，自不待言。但象山所承繼之先秦
儒家思想，並非僅限於孟子一人。比較合理的說法是象山承接了
以孟子爲核心，向上涵括堯、舜、孔子、曾子和子思的學脈。[23]此

19　《宋元學案》中、卷五十七、梭山復齋學案（台北：河洛圖書出版社，六十
　　四年）頁 116。
20　以下皆見於《象山全集》卷三十六、年譜。
21　《象山全集》卷三十五、語錄下、頁 29。
22　《象山全集》卷十、與路彥彬書、頁 4。
23　曾春海：《陸象山》（台北：東大圖書公司，七十七年）頁 20。

外，程明道、謝上蔡與張九成等人思想中，已隱然含有心學之種子，象山多少應亦受此學風之影響[24]。

朱子常說象山學是禪[25]，當時上自天子，下至一般輿論，亦多視象山學為禪學。[26]象山自謂：「某雖不曾看釋藏經教，然而楞嚴、圓覺、維摩等經，則嘗見之。」[27]又曰：「佛、老高一世人，只是道偏，不是。」[28]象山對佛家、道家思想皆有所涉獵，要說象山全未受到佛、道思想之影響，應無可能。不過象山雖受佛、道思想之啟發，但他仍歸宗於儒家。陽明曾以是否棄人倫、遺物理等來判別儒學與禪學，陽明曰：「故吾嘗斷以陸氏之學，孟氏之學也。而世之議者，以其嘗與晦翁之有異同，而遂詆以為禪。夫禪之說，棄人倫、遺物理，而要其歸極，不可以為天下國家。」[29]在陽明看來，象山並未棄人倫、遺物理，象山學自然是儒非禪。

以下據年譜載，言象山生平若干重要事蹟，以助了解象山學思之形成：

- 三歲－幼不戲弄。
- 四歲－靜重如成人。常侍宣教公行，遇事物必致問。一日，忽問天地何所窮際？宣教公笑而不答，遂深思至忘寢食，宣教公呵之，遂姑置。總角即經夕不寐，不脫。衣履有弊而無壞。指甲甚修。足跡未嘗至庖廚。常自掃灑林下。晏坐終日。立於門，過者駐望稱歎，以其端莊雍容，異常兒。
- 五歲－入學讀書，紙隅無捲摺。

---

24 曾春海：《陸象山》（台北：東大圖書公司，七十七年）頁 35。
25 如曰：「陸子靜所學，分明是禪。」引文見《朱子語類》卷一一六、冊七、頁 2799。
26 曾春海：《陸象山》（台北：東大圖書公司，七十七年）頁 21。
27 《象山全集》卷二、與王順伯書、頁 4。
28 《象山全集》卷三十五、語類下、頁 26。

- 六歲—侍親會嘉禮，衣以華好，卻不受；季兄復齋，年十三，舉禮經以告，乃受。

- 七歲—得鄉譽。象山曾云：「某七八歲時，常得鄉譽。只是莊敬自持，心不愛戲。」

- 八歲—讀論語學而即疑有子三章。及看孟子到曾子不肯師事有子，至江漢以濯之，秋陽以暴之等語，因歎曾子見得聖人高明潔白如此。聞人誦伊川語，云：「伊川之言，奚為與孔孟之言不類？」蓋生而清明有如此者。梭山嘗云：「子靜弟高明，自幼已不同，遇事逐物皆有省發」。

- 十一歲—自幼讀書便著意未嘗放過，外視雖若閒暇，而實勤考索。伯兄總家務，嘗夜分起，見先生觀書或秉燭檢書。

- 十三歲—志古人之學。三、四歲思天地何所窮際不得之疑，因讀古書，至宇宙二字，解者曰：「四方上下曰宇，往古來今曰宙。」忽大省曰：「元來無窮，人與天地萬物皆在無窮之中者也。」乃援筆書曰：「宇宙內事乃己分內事，己分內事乃宇宙內事。」又曰：「宇宙便是吾心，吾心即是宇宙。東海有聖人出焉，此心同也，此理同也；西海有聖人出焉，此心同也，此理同也；南海、北海有聖人出焉，此心同也，此理同也。千百世之上至千百世之下，有聖人出焉，此心此理亦莫不同也。」故其啓悟學者多及宇宙二字。復齋因讀論語，命象山近前問曰：「看有子一章如何？」象山曰：「此有子之言，非夫子之言。」又曰：「夫子之言簡易，有子之言支離。」

- 十六歲—讀三國六朝史見夷狄亂華，又聞長上道靖康之

---

29 《王陽明全書》冊一，頁35。

事，乃剪去指爪學弓馬，然胸中與人異，未嘗失了。

- 二十四歲──秋試以周禮鄉舉，第四名。考官王景文質批曰：「毫髮無遺恨，波瀾獨老成。」象山嘗云：「吾自應舉，未嘗以得失爲念，場屋之文，只是直寫胸襟。」

- 三十三歲──秋試以易經再鄉舉，得解。考官批義卷云：「如端人正士，衣冠佩玉。」

- 三十四歲──參加春試，南宮中選。呂伯恭爲考官，曰：「此卷超絕有學問者，必是江西陸子靜之文，此人斷不可失也。」他日伯恭會先生曰：「未嘗款承足下之教，一見高文，心開目朗，知其爲江西陸子靜文也。」廷對，賜同進士出身，在行都諸賢從游。至家，遠近風聞，來親炙者日眾，以槐堂爲講學之地，講樸實之學，令人辨志、求放心，不復以言語文字爲意。有意作文者，令收拾精神涵養德性。精力著於功利，只知舉業者，往往亦能豁然甦醒。

- 三十六歲──訪呂伯恭於衢。伯恭與汪聖錫書云：「陸君相聚五、六日，淳篤敬直，流輩中少見其比。」又與陳同甫書云象山：「篤實淳直，朋游間未易多得。」

- 三十七歲──呂伯恭約象山與復齋會朱子等於鵝湖寺，是史上有名之鵝湖之會。

- 四十二歲──復齋卒，臨終曰：「比來見得子靜之學甚明，恨不更相與切磋，見此道之大明耳。」

- 四十三歲──訪朱子於南康，登白鹿洞書院講「君子喻於義，小人喻於利」。朱子深感動，天氣微冷而汗出揮扇。講畢，朱子離席曰：「熹當與諸生共守，以無忘陸先生之訓。」再三曰：「熹在此不曾說到這裡，負愧何言。」乃復請象山書其說。朱子與楊道夫曰：「曾見陸子靜義利之

說否？」曰：「未也。」曰：「這是子靜來南康，熹請說書，卻說得這義利分明是說得好。如云今人只讀書便是利。如取解後，又要得官。得官後，又要改官。自少至老，自頂至踵，無非爲利。說得來痛快，至有流涕者。」

- 四十六歲，上殿輪對五劄，朱子閱後云：「得聞至論，慰沃良深，其規模宏大，源流深遠，豈腐儒鄙生所可窺測！…但向上一路，未曾撥著。」象山覆書云：「…兄尚有向上一路未曾撥著之疑，豈待之太重，望之太過，未免金注之昏耶！」

- 四十九歲－登貴溪應天山講學，建精舍。開始與朱子辯無極、太極問題。

- 五十歲－易應天山名爲象山，四方學徒大集。象山從容講道，容色粹然，精神迥然。誨學者收斂精神，涵養德性。每啓發學者本心，間舉經語爲證。平居或觀書，或撫琴。雖盛暑，衣冠必整肅，望之如神。諸生登方丈請誨，和氣可掬，隨其人有所開發。每講說痛快，則顧傅季魯曰：「豈不快哉！」與朱子書信往返辯太極圖說。

- 五十三歲－下山赴荆門，囑傅季魯居山講學。

- 五十四歲－紹熙三年十二月十四日，象山卒。

第二章 心與理

　　道德實踐中除了先天的、本有的成素之外，還須考慮後天的、非本有的成素。先天的、本有的成素即「心」；後天的、非本有的成素即「物」。前者爲本章之重點，「物」則留待下章再加探討。

第一節　朱子言心與理

一、朱子學中之「不雜說」與「不離說」

　　朱子在談論其思想中之重要義理時，於文句上時有歧義。如有時說「心之全體，湛然虛明，萬理具足，無一毫私欲之間；其流行該遍，貫乎動靜，而妙用又無不在焉。」[1]有時卻說「心是動底物事，自然有善惡。」[2]一方面言「性即理也」[3]；一方面卻又說「已有形氣，是理降而在人，具於形氣之中，方謂之性。已涉乎氣矣，便不能超然專說得理也。」[4]這些文句上之歧義皆需釐清，方能成就朱子學爲一前後一貫、表裏一致之體系。

　　朱子學之所以特別容易出現此種文句上之歧義，主要是因對

---

1 《朱子語類》卷五、冊一、頁 94。
2 《朱子語類》卷五、冊一、頁 86。
3 《朱子語類》卷五、冊一、頁 82。
4 《朱子語類》卷九十五、冊六、頁 2430。

於某一義理，朱子有時是就理氣「不離」面來發揮，有時則是就理氣「不雜」面來發揮所致。就理氣「不離」而言，形而上之理須以形而下之氣爲其存著處；就理氣「不雜」而言，墮在形而下之氣中的形而上之理，其實並未爲形而下之氣所雜也。因之，朱子學有「不離說」與「不雜說」之別，兩說其實只是立論角度之不同，並非真有衝突、矛盾也。

以言性爲例，朱子曰：「纔是說性，便已涉乎有生而兼乎氣質，不得爲性之本體也。然性之本體，亦未嘗雜。要人就此上面見得其本體元未嘗離，亦未嘗雜耳。」[5]一方面朱子言，才說性便已雜乎氣質，所謂「性已兼理氣」[6]─此是就理氣不離面來發揮的「不離說」。另一方面，因「論氣不論性不明」，爲了「要得分明」[7]，還是必須將性之本體與氣質拆開，單獨地言性之本體未嘗爲氣質所雜─此則是就理氣不雜面來發揮之「不雜說」。由上可知，對於「性」，在不同的立論基礎上，朱子是有不同之說法的：一種是「不離說」─此是就事論事之實說；另一種則是「不雜說」─這是爲了要得分明之故。

在朱子學中，「不離說」是就實際之狀態如何如何，平平說之也。「不雜說」雖是指涉一種不爲氣所雜之境界或狀態，唯此境界或狀態在實際上卻因爲氣所隔，故無法當下真實地呈現。由「不離」邁向「不雜」之關鍵，唯在實踐工夫之有無。立說範圍涵蓋由「不離」至「不雜」之整個動態辯證歷程，乃朱子學易有文句歧異之主要原因所在。

---

5 《朱子語類》卷九十五、冊六、頁 2430。
6 《朱子語類》卷九十四、冊五、頁 2391。
7 朱子曰：「才說太極，便帶著陰陽；才說性，便帶著氣。不帶著陰陽與氣，太極與性那裏收附？然要得分明，又不可不拆開說。」《朱子語類》卷九十四、冊六、頁 2371。

　　朱子在言及下列義理時，有「不離說」與「不雜說」之別：

　　1、在言及「性」時，朱子有「本然之性」與「氣質之性」之不同說法，本然之性是「不雜說」，氣質之性則是「不離說」。

　　2、在言及「性與理」之關係時，朱子有「性即理」與「性不即是理」之不同說法，性即理是「不雜說」，性不即是理則是「不離說」。

　　3、關於「心」，朱子有「心之體」與「氣心」之不同說法，心之體是「不雜說」，氣心則是「不離說」。

　　4、在言及「心與性」之關係時，朱子有「心性是一」與「心性不是一」之不同說法，心性是一是「不雜說」，心性不是一則是「不離說」。

　　5、在言及「心與理」之關係時，朱子有「心與理一」與「心與理二」之不同說法，心與理一是「不雜說」，心與理二則是「不離說」。

　　6、在言及「心具理」時，則有「本具」與「當具」之不同解釋，本具是「不雜說」，當具則是「不離說」。

　　以下引文獻分別論之。

二、「本然之性」與「氣質之性」

　　在論性時，朱子承襲二程「論性不論氣不備，論氣不論性不明」之說，加以發揮：

> 「論性不論氣，不備；論氣不論性，不明。」蓋本然之性，只是至善。然不以氣質而論之，則莫知其有昏明開塞、剛柔強弱，故有所不備。徒論氣質之性，而不自本原言之，則雖知有昏明開塞、剛柔強弱之不同，而不知至善之源未嘗有異，故其論有所不明。須是合性與氣觀之，然後盡。

　　蓋性即氣，氣即性也。[8]若孟子專於性善，則有些是「論性
不論氣」；韓愈三品之說，則是「論氣不論性」。[9]
朱子認爲，「『性氣』二字，兼言方備。」[10]。論性不論氣，則莫
知有昏明開塞、剛柔強弱之不同，故其論有所不備；論氣不論性，
則雖知有昏明開塞、剛柔強弱之不同，卻不知至善之源未嘗有異，
故其論有所不明。爲免「論氣不論性不明」，朱子有「本然之性」
的說法；爲免「論性不論氣不備」，朱子又有「氣質之性」的說法。
所謂本然之性與氣質之性，並非彼此截然不相干之二物，朱子曰：
「氣質之性只是此性墮在氣質之中，故隨氣質而自爲一性。」[11]「但
論氣質之性，則此全體墮在氣質之中耳，非別有一性也。」[12]氣
質之性其實只是就本然之性墮在氣質之中而言，並非有本然之
性，又別有一氣質之性也。「問：近思錄中說性，似有兩種，何也？
曰：此說往往人都錯看了。才說性，便有不是。人性本善而已，
才墮入氣質中，便薰染得不好了。雖薰染得不好，然本性卻依舊
在此，全在學者著力。今人卻言有本性，又有氣質之性，此大害
理！」[13]

　　雖然本然之性與氣質之性兩者須兼說，不過基本上朱子認爲

8　朱子「性即氣，氣即性」之說法，只是指出性、氣兩者不離不雜之關係，應
　　非明道的一本之論。
9　《朱子語類》卷五十九、冊四、頁1388。
10　引文見於《朱子語類》卷五十九、冊四、頁 1389。朱子此類言論甚多，其
　　餘如：「…程子說得較密，因舉『論性不論氣，不備；論氣不論性，不明，
　　二之則不是。』須如此兼性與氣說，方盡此論。蓋自濂溪太極言陰陽、五行
　　有不齊處，二程因其說推出氣質之性來。使程子生在周子之前，未必能發明
　　到此。」《朱子語類》卷五十九、冊四、頁 1386。「若只論性而不論氣，則
　　收拾不盡，孟子是也。若只論氣而不論性，則不知得那原頭，荀揚以下是也。
　　《朱子語類》卷五十九、冊四、頁1389。
11　《朱子大全》卷五十八、冊七、頁14。
12　《朱子大全》卷六十一，冊八、頁23。
13　《朱子語類》卷九十五、冊六、頁2432。

「才說性，便須帶著氣質，無能懸空說得性者。」[14]才說性，其實皆已雜乎氣質，所謂「性已兼理氣」[15]。實際上我們並無法割捨氣質，懸空地說本然之性也。只是「論氣不論性不明」，爲了「要得分明」[16]，還是必須將本然之性與氣質拆開，單獨地言本然之性也。

由上可知，對於「性」，在不同的立論基礎上，朱子是有不同之說法的：就理氣不雜面而言，朱子不考慮氣質只論本然之性，這是爲了要得分明之故—此是「不雜說」；就理氣不離面而言，朱子就本然之性墮在氣質之中而言氣質之性 —— 此則是「不離說」。

三、「性即理」與「性不即是理」

就本然之性墮在氣質之中而言，朱子認爲：

> 「纔說性時，便已不是性」者，言纔謂之性，便是人生以後，此理已墮在形氣之中，不全是性之本體矣，故曰「便已不是性也」。此所謂「在人曰性」也。大抵人有此形氣，則是此理始具於形氣之中，而謂之性。纔是說性，便已涉乎有生而兼乎氣質，不得爲性之本體也。[17]

> 蓋性須是箇氣質，方說得箇「性」字。若「人生而靜以上」，只說箇天道，下「性」字不得。所以子貢曰：「夫子之言性與天道，不可得而聞也」，便是如此。所謂「天命之謂性」者，是就人身中指出這箇是天命之性，不離氣稟者而言爾。若才說性時，則便是夾氣稟而言，所以說時，便已不是性

---

14 《朱子語類》卷九十五、冊六、頁2430。
15 《朱子語類》卷九十四、冊五、頁2391。
16 《朱子語類》卷九十四、冊六、頁2371。
17 《朱子語類》卷九十五、冊六、頁2430。

也。[18]

人生而靜，是未發時，以上即是人物未生之時，不可謂性。
才謂之性，便是人生以後，此理墮在形氣之中，不全是性
之本體矣。[19]

本然之性墮在氣質之中，因關涉乎氣質，已不全是本然之性，在
此意義上朱子說性不即是理：「已有形氣，是理降而在人，具於形
氣之中，方謂之性。已涉乎氣矣，便不能超然專說得理也。」[20]不
過，雖然（氣質之）性不即是理，可是墮在氣質之中的本然之性
其實並未為氣質所雜。朱子曰：「纔是說性，便已涉乎有生而兼乎
氣質，不得為性之本體也。然性之本體，亦未嘗雜。」[21]在此意
義下，朱子言「性即理」，如：「性只是此理。」[22]「性是合當底。」
[23]「性是天生成許多道理。」[24]「性是許多理，散在處為性。」[25]「性
是實理，仁義禮智皆具。」[26]「性是理，心是包含該載敷施發用
底。」[27] —— 凡此種種，皆是不考慮氣質，只就本然之性而言的。
本然之性與氣質，兩者乃一種不離不雜之關係。就不離面而言，
本然之性必墮在氣質之中；就不雜面而言，本然之性雖墮在氣質
之中，但其實並未為氣質所雜。

雖然本然之性與氣質不離不雜，朱子在言及性與理之關係

18 《朱子語類》卷九十五、冊六、頁 2431-2432。
19 《朱子大全》卷六十一、冊八、頁 23。
20 《朱子語類》卷九十五、冊六、頁 2430。
21 《朱子語類》卷九十五、冊六、頁 2430。
22 《朱子語類》卷五、冊一、頁 83。
23 《朱子語類》卷五、冊一、頁 83。
24 《朱子語類》卷五、冊一、頁 83。
25 《朱子語類》卷五、冊一、頁 83。
26 《朱子語類》卷五、冊一、頁 83。
27 《朱子語類》卷五、冊一、頁 88。

時，卻常只就本然之性與氣質不雜之角度來發揮。[28]性即理乃伊
川所提出，朱子認爲性即理一義乃「千萬世說性之根基」。朱子曰：
「伊川『性即理也』，自孔孟後，無人見得到此。亦是從古無人敢
如此道。」[29]「伊川『性即理也』四字，顛撲不破，實自己上見
得出來。」[30]「伊川說話，如今看來，中間寧無小小不同？只是
大綱統體說得極善。如『性即理也』一語，直自孔子後，惟是伊
川說得盡。這一句便是千萬世說性之根基！」[31]

　　就人之所以爲人之實況而言，「人性本善而已，才墜入氣質
中，便薰染得不好了。」[32]故性不即是理，此雖大賢亦不得免。
所以人須踐德，踐德之目的，便在求由「性不即是理」邁向「性
即理」也。在朱子思想中，性不即是理是「不離說」，它是就事論
事，本來如此；性即理則是「不雜說」，它預設了一種實踐工夫，
並非一當下真實之呈現，因事實上本然之性皆雜乎氣質，故不可
說性即是理也。

四、「心之體」與「氣心」

　　一般認爲朱子重理，故稱其學爲「理學」，但朱子並非只重理
而不重心。在朱子思想中，心實居一樞紐之地位，心是管攝性情
之主宰[33]，爲「做工夫處」[34]，亦是談論學問之始點。朱子曰：

28　不過劉述先先生指出，朱子越到晚年就越傾向於經驗實然的觀點，而不欲懸
　　空地談性理。請參閱：《朱子哲學思想的發展與完成》（台北：學生書局，七
　　十三年八月增訂再版）頁 199。
29　《朱子語類》卷五十九、冊四、頁 1387。
30　《朱子語類》卷五十九、冊四、頁 1387。
31　《朱子語類》卷九十三、冊六、頁 2360。
32　《朱子語類》卷九十五、冊六、頁 2432。
33　朱子曰：「心，主宰之謂也。」《朱子語類》卷五、冊一、頁 94。又曰：「心，
　　即管攝性情者也。」《朱子語類》卷五、冊一、頁 94。
34　《朱子語類》卷五、冊一、頁 94。

> 人多說性方說心，看來當先說心。古人制字，亦先制得「心」
> 字，「性」與「情」皆從「心」。以人之生言之，固是先得
> 這道理。然才生這許多道理，卻都具在心裏。且如仁義自
> 是性，孟子則曰「仁義之心」；惻隱、羞惡自是情，孟子則
> 曰「惻隱之心」、「羞惡之心」。蓋性即心之理，情即性之用。
> 今先說一箇心，便教人識得箇情性底總腦，教人知得箇道
> 理存著處。若先說性卻似性中別有一箇心。橫渠「心統性
> 情」語極好。[35]

朱子認為古人制字，先制得心字，性即心之理，情即性之用。心
是情、性之總腦，亦是道理之存著處，故論學宜先論心。

　　前已言之，朱子在論心時，有時是不雜說，有時則是不離說。
朱子在論學時，經常未明白指出他是在何種脈絡下（不離或不雜）
言及的，因而造成了一些文句上的歧義。筆者以為在探討朱子心
觀時，亦宜先做一簡別[36]，以利後文之討論。

　　朱子不離說所言之心是指「氣心」；不雜說所言之心則是指「心
之體」（在朱子學中，心之體、性與理只是一般物事，言偶不同耳）。

　　在「不離」說心時，朱子曰：「心者，氣之精爽。」[37]「能覺
者，氣之靈也。」[38]既然是氣心，為何又以「精爽」、「靈」等語
狀之呢？唐君毅先生曰：「『心本應為居氣之上一層次，以承上之

---

35 《朱子語類》卷五、冊一、頁 91-92。
36 如朱子在不恁地說「人心」，或是在恁地說與人心相對的「道心」時，均是
　　指形而上之至善者；至於在恁地說與道心相對的「人心」時，則是指形而下
　　之有善有惡者。「問：人心本無不善，發於思慮，方始有不善。今先生指人
　　心對道心而言，謂人心生於形氣之私，不知是有形氣便有這箇人心否？曰：
　　有恁地分別說底，有不恁地說底。如單說人心，則都是好。對道心說著，便
　　是勞攘物事，會生病痛底。」《朱子語類》卷六十二、冊四、頁 1486。
37 《朱子語類》卷五、冊一、頁 85。
38 《朱子語類》卷五、冊一、頁 85。

理,而實現之於下之氣』之一轉捩開闔之樞紐。」[39]氣心雖爲形而下者,但爲「能覺者」,即心以「能覺」爲其本質,而心所覺之對象即形而上之「理」也,故朱子曰:「所覺者是理。」[40]「所覺者,心之理也。」[41]。

前已言之,朱子立說範圍涵蓋由「不離」邁向「不雜」之整個動態辯證歷程。在言心時,越偏向不離之一邊,所謂「氣之靈」、「氣之精爽」,即越著重於「氣」之一面。氣心雖有覺理之能,但因受氣之影響,不必即能覺理,故「心有善惡」[42]。朱子曰:「凡事莫非心之所爲,雖放僻邪侈,亦是此心。」[43]「或問:心有善惡否?曰:心是動底物事,自然有善惡。」[44]。心之善,係指心覺於理;心之惡,係指心未覺於理而覺於欲。[45]依此,朱子有人心、道心之別。朱子曰:

> 心一也。操而存則義理明而謂之道心,舍而亡則物欲肆而謂之人心(原注:亡不是無,只是走出逐物去了)。自人心而收回便是道心,自道心而放出便是人心。頃刻之間,恍惚萬狀,所謂出入無時,莫知其鄉也。[46]

> 蓋嘗論之,心之虛靈知覺,一而已矣,而以爲有人心、道心之異者,則以其或生於形氣之私,或原於性命之正,而所以爲知覺者不同,是以或危殆而不安,或微妙而難見耳。[47]

---

39 唐君毅:《中國哲學原論・原性篇》(台北:學生書局,七十三年二月全集校訂版)頁 383。
40 《朱子語類》卷五、冊一、頁 85。
41 《朱子語類》卷五、冊一、頁 85。
42 《朱子語類》卷五、冊一、頁 89。
43 《朱子語類》卷十三、冊一、頁 230。
44 《朱子語類》卷五、冊一、頁 86。
45 「因鄭子上書來問人心、道心,先生曰:此心之靈,其覺於理者,道心也;其覺於欲者,人心也。」《朱子語類》卷六十二、冊四、頁 1487。
46 《朱子大全》卷三十九、冊五、頁 21。
47 《朱子大全》卷七十六、冊九、頁 22。

道心，乃「原於性命之正」，即「義理明」之心也；人心，乃「生於形氣之私」，即「物欲肆」之心也。「心一也」，道心、人心不過是就心之覺於理或覺於欲之不同狀態而立之不同名目而已。換言之，道心、人心只是義理與人欲之辨，「非有兩心也」[48]。

在言心時，若越偏向不雜之一邊，則所謂「氣之靈」、「氣之精爽」，即越著重於「靈」、「精爽」之一面也。唐君毅先生曰：「然此氣之靈之一語，可重在『氣』上，亦可重在『靈』上。重在靈上，則心即氣之靈化，亦即氣之超化，而心亦有超于氣之義。心之所以有超于氣之義者，固非以其是氣，而實因其具理以為性。則吾人固可謂朱子之言，乃意在由氣之靈以上指，以及于心之具性，以見心之所以能超于氣之故；而非意在說心之不過『氣』之靈也。」[49]心因具理以為其性，故亦有超於氣之義。在此意義下，朱子立有作為形而上之至善者的「心之體」一義，如曰：「心之全體湛然虛明，萬理具足，無一毫私欲之間；其流行該遍，貫乎動靜，而妙用又無不在焉。」[50]何謂心之體？心之體其實便是性，且此性是指本然之性，而非氣質之性也。朱子曰：「心以性為體，心將性做餡子模樣。」[51]「蓋性者是人所受於天，有許多道理為心之體者也。」[52]在朱子學中，氣心雖為形而下者，但內具於氣

---

48 朱子曰：「人心是此身有知覺，有嗜欲者。如所謂『我欲仁』，『從心所欲』，『性之欲也，感於物而動』，此豈能無！但為物誘而至於陷溺，則為害爾。故聖人以為此人心，有知覺嗜欲，然無所主宰，則流而忘反，不可據以為安，故曰危。道心則是義理之心，可以為人心之主宰，而人心據以為準者也。……故當使人心每聽道心之區處，方可。然此道心卻雜出於人心之間，微而難見，故必須精之一之，而後中可執。然此又非有兩心也，只是義理、人欲之辨爾。」《朱子語類》卷六十二、冊四、頁1488。
49 唐君毅：《中國哲學原論‧原教篇》（台北：學生書局，七十三年）頁497。
50 《朱子語類》卷五、冊一、頁94。
51 《朱子語類》卷五、冊一、頁89。
52 《朱子語類》卷二十八、冊二、頁726。

心之中的本體—性（心之體），卻是形而上者。形而上之性（心之體）雖存於形而下之心中，但其「微妙而難見」[53]，須賴實踐工夫以復之。唐君毅先生曰：「朱子所謂道心，乃由人之表現其心之四德而成，亦即心之天理性理，實際實現或表現於心而成。此即不同於統言人有具性理之心。此道心待於人之實克去己私，以實表現心之四德而成；則尚未去己私之心，即非道心。」[54]性（心之體）已復，此心方可稱之爲道心；性（心之體）未復，則此心仍爲屬氣之人心而已。在朱子學中，氣心是駁雜的、善惡混的；包含在氣心之中的性（心之體）則是純粹的、至善的。踐德之目的，便在使駁雜、善惡混之氣心，純化爲純粹、至善之性（心之體）。

五、「心性是一」與「心性不是一」

對於心、性之間的關係，朱子曰：

「性者，道之形體；心者，性之郭郭。」康節這數句極好。蓋道即理也，如「父子有親，君臣有義」是也。然非性，何以見理之所在？故曰：「性者，道之形體。」仁義禮智性也，理也；而具此性者，心也。故曰：「心者，性之郭郭。」[55]

邵堯夫說：「性者，道之形體；心者，性之郭郭。」此說甚好。蓋道無形體，只性便是道之形體。然若無箇心，卻將性在甚處！須是有箇心，便收拾得這性，發用出來。[56]

問：「程子解盡心、知性處云：『心無體，以性為體。』如何？」曰：「心是虛底物，性是裏面穰肚餡草。性之理包在

---

53 《朱子大全》卷七十六、冊九、頁22。
54 唐君毅：《中國哲學原論・原性篇》（台北：學生書局，七十三年二月全集校訂版）頁399。
55 《朱子語類》卷一百、冊七、頁2551。
56 《朱子語類》卷四、冊一、頁84。

　　心內，到發時，卻是性底出來。性，不是有一箇物事在裏
　　面喚作性，只是理所當然者便是性，只是人合當如此做底
　　便是性。」[57]

朱子認爲邵康節「心者，性之郛廓」[58]一語極好，故順之言心性。
「心者，性之郛廓」之性顯然是指本然之性。既然本然之性爲不
雜說，而須實踐工夫以復之，則心具此本然之性，亦應爲當具而
非本具也。

　　在朱子學中，心性爲二是不離說，心性爲一則是不雜說。心
性要爲一必須通過實踐工夫，而非一當下真實之呈現。在朱子學
中，性理是屬於一個「無形體」[59]、「無情意」、「無計度」、「無造
作」、「無形跡」之「淨潔空闊底世界」[60]，故不能提供踐德動力。
蔡仁厚先生曾將性理分爲全義與偏義：

　　1. 性理的全義 ── 性即是理（理與心、神、寂感，通而為
　　　一）：理是創生原理，能妙運氣之生生，故是「即存有即
　　　活動」者。

　　2. 性理的偏義 ── 性只是理（心、神、寂感從性體脫落下
　　　來而歸屬於氣）：自宇宙論而言，理與氣相對而為二，神
　　　與理亦為二；自道德實踐而言，心與性相對而為二，心
　　　與理亦為二。理是本體論的靜態的實有，不能妙運生生、

57　《朱子語類》卷六十、冊四、頁 1426。
58　牟宗三先生指出朱子「心者性之郛廓」之「郛廓」是靜攝義之郛廓，亦是認
　　知型態之郛廓。請參閱：《從陸象山到劉蕺山》（台北：學生書局，七十三年
　　十一月再版）頁 122。
59　《朱子語類》卷一、冊一、頁 1。
60　朱子曰：「蓋氣則能凝結造作，理卻無情意，無計度，無造作。只此氣凝聚
　　處，理便在其中。且如天地間人物草木禽獸，其生也，莫不有種，定不會無
　　種子白地生出一箇物事，這箇都是氣。若理，則只是箇淨潔空闊底世界，無
　　形跡，他卻不會造作；氣則能醞釀凝聚生物也。但有此氣，則理便在其中。」
　　《朱子語類》卷一、冊一、頁 3。

　　起創造作用，故是「只存有而不活動」者。[61]

朱子學中之性理，是屬性理之偏義，而爲只存有而不活動者。在
朱子學中，踐德動力的提供者是心，而非性。故朱子曰：「性是理，
心是包含該載敷施發用底。」[62]性（心之體）是只存有而不活動
的理，形而下的氣心方是踐德動力之來源，兩者需通過後天實踐
工夫方能合一。在象山學中，則心性始終是一，此是兩者絕大之
不同。牟宗三先生指出，朱陸之爭的客觀義理之最後癥結在心與
性之關係。[63]蔡仁厚先生亦言，象山學中心性兩者是同質同層之
關係，不同於朱子學中心性兩者爲異質異層之關係。[64]朱陸異同
之癥結，正在「心性是否爲一」[65]。

六、「心與理一」與「心與理二」

　　陽明曰：「晦菴謂人之所以爲學者，心與理而已。心雖主乎一
身，而實管乎天下之理；理雖散在萬事，而實不外乎一人之心。
是其一分一合之間，而未免已啓學者心理爲二之弊。」[66]姑不論
在朱子學中，心與理之關係究竟如何，陽明認爲如此一分一合之
間，已難免產生「心理爲二之弊」。

　　關於心與理之關係，朱子有時持「心雖主乎一身，而實管乎

61 蔡仁厚：《儒家心性之學論要》（台北：文津出版社，七十九年七月）頁 96-97。
　　相同之義旨亦見於《新儒家的精神方向》（台北：學生書局，七十八年八月
　　第三次印刷）頁 174-175。與《中國哲學的反省與新生》（台北：正中書局，
　　八十三年十一月）頁 130-131。
62 《朱子語類》卷五、冊一、頁 88。
63 牟宗三：《從陸象山到劉蕺山》（台北：學生書局，七十三年十一月再版）頁
　　123。
64 蔡仁厚：《儒家心性之學論要》（台北：文津出版社，七十九年七月）頁 27-29。
65 蔡仁厚：《宋明理學・南宋篇》（台北：學生書局，八十二年九月增訂版三刷）
　　頁 257。
66 《王陽明全書》冊一、頁 35。

天下之理」的分說；有時持「理雖散在萬事，而實不外乎一人之心」的合說。既然「心雖主乎一身，而其體之虛靈足以管乎天下之理。」心當是「能覺者」，理則爲「所覺者」，心與理，一爲能覺，一爲所覺，所以朱子應是主張「心與理二」，而非「心與理一」也，是以陽明曰：「朱子…以吾心而求理於事事物物之中，析心與理而爲二矣。」[67]朱子雖有許多「心與理一」的說法，如：「心與理一，不是理在前面爲一物。理便在心之中，心包蓄不住，隨事而發。」[68]但此種說法，須以實踐工夫爲前提，故朱子曰：「萬理雖具於吾心，還使教他知，始得。」[69]「李孝述曰：『物未格，便覺此一物之理，…似爲心外之理，…及既格之，便覺彼物之理爲吾心素有之物。』朱子批曰極是。」[70]唐君毅先生說：「朱子果有以心與理爲二之言，則初是自人之現有之心，因有氣稟物欲之雜，而恆不合理；故當先尊此理，先有自去其氣稟物欲之雜之工夫，方能達于心與理上說。」[71]在朱子學中，心與理一應是「不雜說」，心與理二方是「不離說」。未有實踐工夫之前，爲了要得分明，我們雖可不帶氣地言理本在心中而爲「已知之理」，但就實而論，此已知之理仍是未窮盡的。朱子曰：

> 人心之靈莫不有知，而天下之物莫不有理。惟於理有未窮，故其知有不盡也。是以大學始教，必使學者即凡天下之物，莫不因其已知之理而益窮之，以求至乎其極。至於用力之久，而一旦豁然貫通焉，則眾物之表裏精粗無不到，而吾心之全體大用無不明矣。此之謂物格，此之謂知之至也。[72]

---

67 《王陽明全書》冊一、頁37。
68 《朱子語類》卷五、冊一、頁85。
69 《朱子語類》卷六十、冊四、頁1425。
70 《朱子大全續集》卷十、冊十二、頁12-13。
71 唐君毅：《中國哲學原論·原性篇》（台北：學生書局，七十三年）頁534。
72 《四書章句集註》（台北：鵝湖出版社，七十三年）頁6-7。

未有實踐工夫之前，理是處於未窮、未盡之狀態，未窮盡之理尚不能與心合，故兩者仍是二而非一也。唐君毅先生說：「惟以人有氣稟物欲之雜，而心之用，乃恆不如理，而理若只超越於此心之上；故人當前現有之心，可合理，亦可不合，而心與理即于此可說爲二。此二，乃以其心之有雜或間隔，使之二。則由工夫而更去此間隔，二者又終不得而二矣。」[73]就實而論，朱子學中之心與理應爲二而非一也，心與理一，須以實踐工夫爲前提。象山之心即理說，則心即理也，「心即理不是心合理，乃是心就是理。心理爲一不是心與理合而爲一，乃是此心自身之自一。」[74]我們「亦不能有加損於毫末也」[75]。所以，由心即理之標準來看朱子，當然可以說其「猶析心與理爲二」[76]也。

七、「本具」與「當具」

在朱子學中，性即理也，性又爲心之體，故亦可言理爲心之體也。是以朱子曰：「性便是心之所有之理，心便是理之所會之地。」[77]朱子有理係在內而非在外之種種說法：「理不是在面前別爲一物，即在吾心。人須是體察得此物誠實在我，方可。」[78]「大凡道理皆是我自有之物，非從外得。所謂知者，便只是知得我底道理，非是以我之知去知彼道理也。道理固本有，用知方發得出來。若無知，道理何從而見！」[79]所以，心覺理並非心去覺「前面」、

---

73 唐君毅：《中國哲學原論・原教篇》（台北：學生書局，七十三年）頁203。
74 此說雖見於牟宗三先生論陽明學時，但論象山之學亦適用也。請參閱：《從陸象山到劉蕺山》（台北：學生書局，七十三年再版）頁216。
75 《王陽明全書》冊一、頁52。
76 《王陽明全書》冊一、頁38。
77 《朱子語類》卷五、冊一、頁88。
78 《朱子語類》卷九、冊一、頁155。
79 《朱子語類》卷十七、冊二、頁382。

「外在」之理,而係覺「身內」、「自有」之理也。朱子曰:

> 「盡心如明鏡,無些子蔽翳。只看鏡子若有些少照不見處,
> 便是本身有些塵污。如今人做事,有些子糊塗窒礙,便只
> 是自家見不盡。此心本來虛靈,萬理具備,事事物物皆所
> 當知。今人多是氣質偏了,又為物欲所蔽,故昏而不能盡
> 知,聖賢所以貴於窮理。」又曰:「萬理雖具於吾心,還使
> 教他知,始得。今人有箇心在這裏,只是不曾使他去知許
> 多道理。少間遇事做得一邊,又不知那一邊;見得東,遺
> 卻西。少間只成私意,皆不能盡道理。盡得此心者,洞然
> 光明,事事物物無有不合道理。」[80]

「此心本來虛靈,萬理具備,事事物物皆所當知。」——此是不雜
說。若就不離面言之,則必通過實踐工夫,此心方盡、此理方明,
方真可言「萬理具備,事事物物皆所當知」也。所以在朱子學中,
心具理應為「當具」而非「本具」也。牟宗三先生指出,在朱子
學中:

> 其「貫通為一」之「一」只是關聯地為一,貫通地為一,
> 其背景是心與理為二,而不是分析地為一,創發地心即理
> 之為一,此後者是表示超越的創造的道德本心即是理之所
> 從出,此即是吾人之性。故心、性、理一也,而以本心為
> 創造的根源。此即孟子以及陸王一系之所說。而此義顯然
> 不為朱學所具備。此消極面既已顯然,則朱學中「心具」
> 之具即可漸漸得而確定矣。在孟子、陸、王一系中,心具
> 是分析地具、創發地具,故心具即心發。但在朱學中,心
> 具是綜和地具,並不是分析地創發地具,故其心具並不是

---

80 朱子語類》卷六十、冊四、頁 1425。

> 心發。此仍是認知並列之形態，（故其言心以知覺為本質），
> 而不是本體的立體直貫之形態。[81]

在朱子學中，心具理是關聯地具、綜和地具—此是「當具」；不同
於象山學中，心具理是分析地具、創發地具—此是「本具」。[82]

　　由於理甚多，當然不能盡知，故經常是知得此一理，又不知
彼一理，見得東，遺卻西。即使已知某一理，仍有窮盡與不窮盡
之別。

> 盡心、知性、知天，工夫在知性上。盡心只是誠意，知性
> 卻是窮理。心有未盡，便有空闕。如十分只盡得七分，便
> 是空闕了二三分。須是「如惡惡臭，如好好色」，孝便極其
> 孝，仁便極其仁。性即理，理即天。我既知得此理，則所
> 謂盡心者，自是不容己。如此說，卻不重疊。既能盡心、
> 知性，則胸中已是瑩白淨潔。卻只要時時省察，恐有污壞，
> 故終之以存養之事。[83]

所以，在朱子學中窮理乃質、量並進之一種實踐工夫。每一理不
但須去知，且須去窮盡，之後方真可說心具此理也。

八、朱子學應以「不離說」為主而論之

　　在朱子學中，「不雜說」所指涉者皆非實際之存在，仍須實踐
工夫以復之；「不離說」所指涉者方為實際之存在。在此意義下我
們可稱不離說為「實說」，因其乃就事論事、本然如此；不雜說則
可稱之為「虛說」，因其仍須實踐工夫以復之。

81　牟宗三：《從陸象山到劉蕺山》（台北：學生書局，七十三年十一月再版）頁
　　120。
82　牟宗三：《從陸象山到劉蕺山》（台北：學生書局，七十三年再版）頁120。
83　《朱子語類》卷六十、冊四、頁1424。

就價值之角度言，理爲形而上者，氣爲形而下者，無疑地，理重於氣。不過，朱子卻有氣強理弱之說：「氣雖是理之所生，然既生出，則理管他不得。如這理寓於氣了，日用間運用都由這箇氣，只是氣強理弱。」[84]朱子又謂理本身無作用，氣才有作用：「蓋氣則能凝結、造作，理卻無情意、無計度、無造作。只此氣凝聚處，理便在其中。且如天地間人物草木禽獸，其生也莫不有種，定不會無種子白地生出一個物事，這箇都是氣。若理，則是箇淨潔空闊底世界，無形跡，他卻不會造作，氣則能醞釀、凝聚、生物也。但有此氣，則理便在其中。」[85]在朱子學中，理無情意、無計度、無造作、無形跡，氣方能凝結、造作、醞釀、凝聚、生物也。在論人性時，朱子亦甚重不離說，朱子曰：

> 人之性皆善。然而有生下來善底，有生下來便惡底，此是氣稟不同。且如天地之運，萬端而無窮。其可見者，日月清明氣候和正之時，人生而稟此氣，則為清明渾厚之氣，須做箇好人；若是日月昏暗，寒暑反常，皆是天地之戾氣，人若稟此氣，則為不好底人，何疑！人之為學，卻是要變化氣稟，然極難變化。如孟子道性善，不言氣稟，只言「人皆可以為堯舜」。若勇猛直前，氣稟之偏自消，功夫自成，故不言氣稟。看來吾性既善，何故不能為聖賢，卻是被這氣稟害。如氣稟偏於剛，則一向剛暴；偏於柔，則一向柔弱之類。[86]

在朱子學中，人性本善只是一種不雜而言之虛說，若加入氣之考量，就事論事實說，則稟得清明渾厚之氣者，「須做個好人」；稟

---

84 《朱子語類》卷四、冊一、頁71。
85 《朱子語類》卷一、冊一、頁3。
86 《朱子語類》卷四、冊一、頁69。

得天地戾氣之人，「則爲不好底人，何疑？」稟得天地戾氣之人，雖可通過後天之實踐變化氣稟，但氣稟「極難變化」。

　　唐君毅先生在論朱子時說：「朱子之以心爲氣之靈，無形中即顯出一重心與氣之關係，而輕心與理之關係之色彩。」[87]劉述先先生指出，朱子越到晚年就越傾向於經驗實然之觀點，而不欲懸空地談性理。[88]在朱子學中，「不離」而言之實說，實重於「不雜」而言之虛說也。朱子立說之範圍，雖然涵蓋由「不離」至「不雜」之整個歷程，但朱子學顯然較重不離之一邊。既然「不離說」重於「不雜說」，則朱子學應以「不離說」─即氣質之性、性不即是理、氣心、心性不是一、心理爲二、心當具理─爲主而論之才是。

第二節　象山言心與理

　　象山之學，一般又稱之爲「心學」，可見「心」在象山學中之重要性。一般言心，或指認知心，或指感性中的血氣之心，或指一般心理學意義的心。象山所言之心遠非一般常識所及。象山曰：「孟子曰：『心之官則思，思則得之，不思則不得也。』又曰：『存乎人者，豈無仁義之心哉？』又曰：『至於心，獨無所同然乎？』又曰：『君子之所以異於人者，以其存心也。』又曰：『非獨賢者有是心也，人皆有之，賢者能勿喪耳。』又曰：『人之所以異於禽獸者幾希，庶民去之，君子存之。』去之者，去此心也，故曰：『此

---

87 唐君毅：《中國哲學原論・導論篇》（台北：學生書局，七十五年九月全集校訂版）頁 502。
88 劉述先：《朱子哲學思想的發展與完成》（台北：學生書局，七十三年八月增訂再版）頁 199。

之謂失其本心。』存之者，存此心也，故曰：『大人者，不失其赤子之心。』四端者，即此心也。天之所以與我者，即此心也。人皆有是心，心皆具是理，心即理也。」[89]心即理之心又可稱之爲「本心」（孟子語），以西方哲學的的術語言之，此心是「天生的」或「先天的」（a priori），象山「心學」則是屬於「道德先天論」（moral apriorism）。象山曰：「蓋人受天地之中以生，其本心無有不善。」[90]既然心即是理，所以本心當然無不善。此外，本心又具普遍性，象山在鵝湖會上有「墟墓興哀宗廟欽，斯人千古不磨心」[91]的吟詩，指出人人俱有永恆而普遍，超越而一同之本心。[92]象山曰：「四方上下曰宇，往古來今曰宙。宇宙便是吾心，吾心即是宇宙。千萬世之前有聖人出焉，同此心同此理也；千萬世之後有聖人出焉，同此心同此理也；東南西北海有聖人出焉，同此心同此理也。」[93]「千古聖賢若同堂合席，必無盡合之理，然此心此理，萬世一揆也。」[94]象山認爲聖人之「心同理同」也，而且不僅聖人如此，一切人皆可說其「心同理同」[95]也，蓋「人心至靈，此理至明，人皆有是心，心皆具是理。」[96]

　　所謂「心即理」不是心合理，乃是心就是理。「心理爲一」不是心與理合而爲一，乃是此心自身之自一。[97]以康德之說方便言

89　《象山全集》卷十一、與李宰書二、頁6。
90　《象山全集》卷十一、與王順伯書二、頁9。
91　《象山全集》卷二十五、鵝湖和教授兄韻、頁2。
92　牟宗三：《從陸象山到劉蕺山》（台北：學生書局，七十三年十一月再版）頁186。
93　《象山全集》卷二十二、雜說、頁5。
94　《象山全集》卷三十四、語錄上、頁8。
95　關於「心同理同」之義，陽明亦曰：「人胸中各有箇聖人，只自信不及，都自」埋倒了。」王陽明全書》冊一、頁77。「聖人之知，如青天之日，賢人如浮雲天日，愚人如陰霾天日，雖有昏明不同，其能辨黑白則一。」請參閱《王陽明全書》冊一、頁92。
96　《象山全集》卷二十二、雜說、頁5。
97　此說雖見於牟宗三先生論陽明學時，但論象山亦適用也。請參閱：《從陸象山到劉蕺山》（台北：學生書局，七十三年十一月再版）頁216。

之，此「心」即是能自定法則（理）的道德主體，道德主體之自我立法（亦即自律）即是心即理。當本心下決定時，即同時自然而自發地呈現爲一應當如何之理。心之所到，即理之所到；心之所發，即理之所發。牟宗三先生說：「在本心自我立法之本心之具體而真實的呈現中，其所自立之法即理亦在具體而真實的呈現中。」[98]「理」實無往而不與「心」俱呈俱現，兩者乃二名一實，一體的兩面。

象山曰：「四端者，即此心也。」可知象山認爲孟子所言之仁、義、禮、智均是本心所發之理。象山又曰：「孟子就四端上指示人，豈是人心只有這四端而已。」[99]可知象山認爲理非僅限於仁、義、禮、智四者而已。本心在種種機緣上，便自然而自發地表現爲各種不同之理，心之發用無窮，理亦無窮，「當惻隱處自惻隱，當羞惡、當辭遜，是非在前自能辨之。當寬裕溫柔自寬裕溫柔，當發強剛毅自發強剛毅，所謂溥博淵泉而時出之。」[100]本心在事親時便表現爲孝，在從兄時便表現爲弟。仁、義、禮、智乃至孝、弟等，皆爲本心所表現之理。理儘管因對象的差異與境遇之不同而顯多樣性，但皆出於共同之根源—本心。此義陽明言之甚詳：「天下之事雖千變萬化，而皆不出於此心之一理。然後知殊途而同歸，百慮而一致。」[101]「理也者，心之條理也。是理也，發之於親，則爲孝；發之於君，則爲忠；發之於朋友，則爲信。千變萬化，至不可窮竭，而莫非發於吾之一心。」[102]

---

98 牟宗三：《從陸象山到劉蕺山》（台北：學生書局，七十三年十一月再版）頁12。

99 《象山全集》卷三十四、語錄上、頁21。

100 《象山全集》卷三十四、語錄上、頁11。

101 《王陽明全書》冊一、頁165。

102 《王陽明全書》冊四、頁13。

第三節　心與理之異同

一、「溯情逆知」與「當下識取」

朱子曰：「有這性，便發出這情；因這情，便見得這性。因今日有這情，便見得本來有這性。」[103]對於本然之性，朱子是以後天（a posteriori）由流溯源之方法來加以掌握的。[104]朱子曰：

> 然四端之未發也，所謂渾然全體，無聲臭之可言，無形象之可見，何以知其粲然有條如此？蓋是理之可驗乃依然就他發處驗得。凡物必有本根。性之理雖無形，而端的之發最可驗，故由其惻隱，所以必知其有仁，由其羞惡，所以必知其有義，由其恭敬，所以必知其有禮，由其是非，所以必知其有智。使其本無是理於內，則何以有是端於外？由其有是端於外，所以必知有是理於內，而不可誣也。故孟子言：乃若其情則可以爲善矣，乃所謂善也。是則孟子之言性善，蓋亦溯其情而逆知之耳。[105]

> 性不可言。所以言性善者，只看他惻隱、辭遜四端之善則可以見其性之善，如見水流之清，則知源頭必清矣。四端，情也；性，則理也。發者，情也；其本，則性也。如見影知形之意。[106]

---

103 《朱子語類》卷五、冊一、頁89。
104 劉述先：《朱子哲學思想的發展與完成》（台北：學生書局，七十三年八月增訂再版）頁217。
105 《朱子大全》卷五十八、冊七、頁22。
106 《朱子語類》卷五、冊一、頁89。

> 問：「乃若其情」。曰：「性不可說，情卻可說。所以告子問
> 性，孟子卻答他情。蓋謂情可為善，則性無有不善。所謂
> 四端者，皆情也。仁是性，惻隱是情，惻隱是仁發出來底
> 端芽。如一箇穀種相似，穀之生是性，發為萌芽是情。」[107]

朱子認為「理之可驗乃依然就他發處驗得」──由惻隱、羞惡、恭敬、是非等表現於外之情，可知有仁、義、禮、智等性理於內。「可言」、「可說」、「可見」的是情，本然之性是「不可言」、「無形影」、「不可說」的。我們只能由已發之情逆推回去，猶如「見影知形」或「見水流之清，則知源頭必清」一般，因發出來的情，知得本來有這性，此所謂「溯情逆知」也。

在朱子思想中，對「性」是無法當下識取的[108]，只能溯情逆知之。在現實中，情之發常為不善，由此雜染之情逆溯回去所測得之性，只能是氣質之性，所以朱子當然不會以直接體證（本然之性）作為踐德最主要的依據。在朱子學中，本然之性不可親見，須待情之發皆善，「因今日有這情，便見得本來有這性」，方能間接地證成。所以朱子較重「致知」、「用敬」，「察識」之一路只能居末也。

象山學中，情、性、心、才，乃至於理，都只是一般物事，言偶不同耳。對之，象山認為當下便可識取。象山鵝湖之會詩曰：「真偽先須辨只今。」本心當下即可呈現，所謂道在眼前，不假外求也。另觀象山引孟子「禮義之悅我心，猶芻豢之悅我口」之

---

107 《朱子語類》卷五十九、冊四、頁1380。
108 依劉述先先生的看法，朱子這種談性之方式必形成一有趣之弔詭，因為人物未生之時，根本不可以談性，但此理墮在形氣之中，卻又不全是性之本體也，又無法抽離地談性之在其自己。由此可見，朱子並不相信有一離存的性之本體，它是因氣質而見，卻又不與氣質相離，與之形成一種不離不雜的微妙關係。請參閱：《朱子哲學思想的發展與完成》（台北：學生書局，七十三年八月增訂再版）頁207。

言可知，象山亦就心之直接好處、悅處指證[109]，唐君毅先生說:「禮義心之自悅，善心之自好。此自好自悅，乃一絕對之自好自悅。此中可並無能好與所好，能悅與所悅之別。此時乃心在悅中，悅在心中，心在好中，好在心中。此方是性情心之最原始之相貌。」[110]孟子、象山皆認爲本心必好、必悅此理，不得有不好、不悅之可能。牟宗三先生認爲此乃孟子、象山有進於康德之處。[111]象山就心之直接感應或安悅處指證，要人直下依其惻隱、羞惡、辭讓、是非之心之流露，擴而充之，此乃一直道而行、至簡至易之工夫也。

朱子之「溯情逆知」與象山之「當下識取」相較，兩者顯有不同。

二、「只存有不活動」與「即存有即活動」

前已言之，朱子言心時有兩義，一指氣心，一指心之體。若就朱子所言之「氣心」來與象山心即理之「本心」比較，則兩心—一爲形上、一爲形下；一爲至善者、一爲可善可惡者；一先天本具充足之踐德動力、一踐德之動力有賴後天之積累—則兩者之差距至爲顯著。

至於朱子之「心之體」（性）與象山之「本心」，兩者雖同指

---

109 袁保新先生指出，所謂指證宜視之爲一種「啓發性的例示」（heuristic illustrations）。所謂「啓發性的例示」，一般用意在邀請讀者通過設身處地的情境參與，反省到他自身道德意識的躍動，從而洞見到其在的道德理則。因象山所言之「心」，應是屬於一種「超越真理」，所以經驗事實的舉證，其實是無關閎旨的。請參閱:《孟子三辨之學的歷史省察與現代詮釋》（台北：文津出版社，八十一年二月初版）頁 55。

110 唐君毅:《中國哲學原論·導論篇》（台北：學生書局，七十五年九月全集校定版）頁 98。

111 牟宗三譯註:《康德的道德哲學》（台北：學生書局，七十二年再版）頁 261。

形而上之至善者，但心之體（性）本身並不含踐德動力。朱子雖曰：「心之全體湛然虛明，萬理具足，無一毫私欲之間；其流行該遍，貫乎動靜，而妙用又無不在焉。」[112]不過在朱子學中，此等話語是有預設的，即它們必須以實踐工夫為前提，所以朱子曰：「萬理雖具於吾心，還使教他知，始得。」[113]「李孝述曰：『物未格，便覺此一物之理，…似為心外之理，…及既格之，便覺彼物之理為吾心素有之物。』朱子批曰極是。」[114]在朱子學中，性理是屬於一個「無形體」[115]、「無情意」、「無計度」、「無造作」、「無形跡」之「淨潔空闊底世界」[116]，故不能提供踐德動力。須通過實踐工夫，待心性合一之後，踐德動力方能產生。但在象山學中，則心性本來是一，此心此性本身即涵蘊充足之踐德動力。

朱子所言之性（心之體）是只存有不活動的；象山所言之本心則是即存有即活動的。朱子所言之性（心之體）屬性理之偏義；心即理之心則屬性理之全義。[117]此是兩者絕大之不同。此形而上之至善者（在象山學中為本心，在朱子學中為心之體、性或理）到底活不活動，確是朱陸異同之癥結。

---

112 《朱子語類》卷五、冊一、頁 94。
113 《朱子語類》卷六十、冊四、頁 1425。
114 《朱子大全續集》卷十、冊十二、頁 12-13。
115 《朱子語類》卷一、冊一、頁 1。
116 朱子曰：「蓋氣則能凝結造作，理卻無情意，無計度，無造作。只此氣凝聚處，理便在其中。且如天地間人物草木禽獸，其生也，莫不有種，定不會無種子白地生出一箇物事，這箇都是氣。若理，則只是箇淨潔空闊底世界，無形跡，他卻不會造作；氣則能醞釀凝聚生物也。但有此氣，則理便在其中。」《朱子語類》卷一、冊一、頁 3。
117 蔡仁厚：《儒家心性之學論要》（台北：文津出版社，七十九年七月）頁 96-97。相同之義旨亦見於《新儒家的精神方向》（台北：學生書局，七十八年八月第三次印刷）頁 174-175。與《中國哲學的反省與新生》（台北：正中書局，八十三年十一月）頁 130-131。

三、「理列於心」與「理化於心」

　　理由心發後，便有一定之內容，而呈現一定常之貌，如惻隱之理、孝之理之類。就已發之理而言，我們可說理具多樣性—此點在象山學或朱子學中，並無不同。是以朱子喜言萬理、眾理、許多道理，如：「一心具萬理。」[118]「心包萬理，萬理具於一心。」[119]「纔成箇人影子，許多道理便都在那人上。」[120]「心者，人之神明，所以具眾理而應萬事者也。」[121]朱子學中已發之理固然爲多，在象山學中亦如是也。象山曰：「天下之理無窮，若以吾平生所經歷者言之，真所謂伐南山之竹，不足以受我辭。然其會歸，總在於此。」[122]「自古聖賢發明此理，不必盡同，……理之無窮如此。」[123]陽明亦曰：「義理無定在無窮盡，吾與子言，不可以少有所得，而遂謂止此也。再言之十年、二十年、五十年，未有止也。」[124]

　　在象山學中，本心在種種不同機緣，便自然而自發地表現爲各種不同之理，所謂「溥博淵泉而時出之」。理之多樣性只是因對象的差異與境遇之不同所致。就如注水入不同之容器，水亦因容器之不同，而呈現出種種不同之形狀。在象山學中，理之多樣性，並不意謂理係以多數並列之方式存之於心。我們若說水在未注入容器時，此種種不同之形狀就已並列於水中，則顯然是一種不恰當之說法，因水係變動不居、生生不已之活物也。同樣地，本心

118　《朱子語類》卷九、冊一、頁 154。
119　《朱子語類》卷九、冊一、頁 154。
120　《朱子語類》卷五、冊一、頁 83。
121　《四書章句集註》（台北：鵝湖出版社，七十三年）頁 349。
122　《象山全集》卷三十四、語錄上、頁 3。
123　《象山全集》卷三十四、語錄上、頁 3。
124　《王陽明全書》冊一、頁 10。

亦然。理之所以呈現出多樣性，是因道德情境不同，本心應之而隨時有其創發性之運用與表現所致。在象山學中，理於未發時是以「渾化」之狀態存之於心，而無理相可見的。

其次，在象山學中理之呈現是一種「全體是用」之表現。不同的道德情境中，本心所應機表現而成的理，雖表相上有種種不同，但表相下之內容，則皆爲本心之全體也。換言之，每一理皆爲一全體而非部分（分體）之本心所應機表現而成者。象山曰：「蓋心，一心也；理，一理也。至當歸一，精義無二，此心此理，實不容有二。」[125]本心之全體，在此一道德情境中表現爲此一理，而具此一理相；在彼一道德情境中，本心之全體則又表現爲彼一理，而具彼一理相。因而，我們並不能說此種種不同之理的總和，構成了此心之全體，因爲不同之理皆只是心之全體的一時表現而已。是以唐君毅先生說：「象山之言一本心，初唯是于一切本心之表現，皆溯其原于一本，方謂其自一本原而流出；固非欲人先把捉此一本原，或本心之總體，以之籠統包括一切也。蓋自此中之一一表現或流出者看，固自有分別；而由其流出之無盡，則原不能就其項目件數，加以歷數，以納之于一總體也。」[126]

在言及性理或心所具之理時，朱子喜言「眾理」、「萬理」、「許多道理」，如：「心者，人之神明，所以具眾理而應萬事者也。」[127]「蓋性者是人所受於天，有許多道理爲心之體者也。」[128]「性是天生成許多道理。」[129]「此心本來虛靈，萬理具備，事事物物皆

---

125 《象山全集》卷一、與曾宅之書、頁4。
126 唐君毅：《中國哲學原論·原教篇》（台北：學生書局，七十三年）頁221。
127 《四書章句集註》（台北：鵝湖出版社，七十三年）頁349。
128 《朱子語類》卷二十八、冊二、頁726。
129 《朱子語類》卷五、冊一、頁83。。

所當知。」[130]由之可知,朱子學中之眾理、萬理、許多道理,應是以多數並列之方式存之於心的。朱子曰:

> 蓋四端之未發也,雖寂然不動,而其中自有條理,自有間架,不是儱侗都無一物。所以外邊纔感,中間便應。如赤子入井之事感,則仁之理便應,而惻隱之心於是乎形。如過廟過朝之事感,則禮之理便應,而恭敬之心於是乎形。蓋由其中間眾理渾具,各各分明,故外邊所遇,隨感而應,所以四端之發,各有面貌之不同。是以孟子析而為四,以示學者,使知渾然全體之中而粲然有條若此,則性之善可知矣。[131]

> 當來得於天者只是箇仁,所以為心之全體。卻自仁中分四界子:一界子上是仁之仁,一界子是仁之義,一界子是仁之禮,一界子是仁之智。一箇物事,四腳撐在裏面,唯仁兼統之。心裏只有此四物,萬物萬事皆自此出。天之春夏秋冬最分曉;春生、夏長、秋收、冬藏。雖分四時,然生意未嘗不貫;縱雪霜之慘,亦是生意。[132]

> 氣相近,如知寒煖,識飢飽,好生惡死,趨利避害,人與物都一般。理不同,如蜂蟻之君臣,只是他義上有一點子明;虎狼之父子,只是他仁上有一點子明;其他更推不去。恰似鏡子,其他處都暗了,中間只有一兩點子光。大凡物事稟得一邊重,便占了其他底。如慈愛底人少斷制,斷制之人多殘忍。蓋仁多,便遮了義,義多,便遮了那仁。[133]

---

130 《朱子語類》卷六十、冊四、頁1425。
131 《朱子大全》卷五十八、冊七、頁22。
132 《朱子語類》卷六、冊一、頁115。
133 《朱子語類》卷四、冊一、頁57。

由「自有條理」、「自有間架」、「眾理渾具」、「各各分明」、「粲然有條」、「仁多遮義」、「義多遮仁」諸語看來，在朱子學中，理應是以並列之方式存之於心的。朱子曾比喻道：「以前看得心只是虛蕩蕩地，而今看得來湛然虛明，萬理便在裏面。向前看得便似一張白紙，今看得便見紙上都是字。廖子晦們便只見得是一張紙。」[134]心如紙，理如字，心具理便如「紙上都是字」也。故朱子亦以「量」言心曰：「人有是心，莫非全體。然不窮理，則有所蔽，而無以盡此心之量。故能極其心之全體而無不盡者，必其能窮夫理而無不知者也。」[135]由於眾理、萬理、許多道理係並列於心，朱子學中理之呈現，應是一種「分體是用」之表現也。在此一道德情境中，心中之此一理，即相應地呈現而出；心中之彼一理，在彼一道德情境中，即相應地呈現而出。

牟宗三先生曾以李、杜喻朱、陸，言朱子如杜甫，是萬景皆實；象山如李白，是萬景皆虛。[136]在朱子學中，眾理是以並列之方式存之於心而顯一「實」貌，理之總合即構成了此心之量。在象山學中，理則爲本心應機所創發表現而成者，理之發固可爲多，唯當心由已發再還歸於未發時，理亦渾化於心，而顯一「虛」貌，並無理相可見。故不能說理係以並列之方式存之於心，亦不能以理之量來言心。

那麼朱子、象山之見，何者爲是呢？

關於理是否以並列之方式存之於心，唐君毅先生是持反對之看法的：

---

134 《朱子語類》卷一一三、冊七、頁 2743。
135 《四書章句集註》（台北：鵝湖出版社，七十三年）頁 349。
136 牟宗三：《從陸象山到劉蕺山》（台北：學生書局，七十三年十一月再版）頁 98。

> 此心之所具萬理之粲然，必化為一性之渾然，即見此心所
> 具之萬理，其在心中，並非能分列為一一定常之理，以並
> 在于心者。若其然也，則人當反觀其心，即當見此萬理。
> 然人在其心未發時，反觀其心，並不見此萬理，唯見一性
> 之渾然，即證此心所具之萬理，非可並列為一一定常之理
> 之和。此萬理之在心，乃皆相互渾融為一性者。而欲說其
> 所以渾融為一性之故，則唯有謂理在心中時，此心之「虛
> 靈」，即如將此一一理虛靈化之故。虛則不相礙，靈則相貫
> 通，故可渾化萬理為一性也。[137]

唐先生指出，理如係以分列為一一定常之理的方式存之於心，我
們在反觀自心時，應可見此一一分列之理。但我們在反觀自心時，
其實並無法見到此分列之眾理。由之可知，理應非如朱子所言，
係以並列之方式存之於心的，因心之虛靈必將一一定常之理虛靈
化之故。虛靈化後之理，乃以渾化之方式存之於心而無理相可見。
理既然不是並列於心，亦無理相可見，自然不應以理之量來言心。

　　在朱子學中，覺者為心，理為所覺者，不能言覺。唐君毅先
生亦反對這種看法：「又理表現，而『能覺』與之相俱。心無能覺
之理，則心不能覺；心即依能覺之理，以有所覺。則由心有此所
覺，而謂『心之理』有此所覺，又何嘗不可？心有所覺時，心稱
為能覺，則『心之理』有所覺，此『心之理』應亦可稱為能覺，
固不可如朱子之只以理為所覺矣。」[138]理由心發後，並未離心而
獨存、往而不返。只因心臨事乍現一定常之貌，故說之為理，實
則心之理亦可有所覺，而為能覺者也。唐君毅先生說：「理之表現，
乃一面表現，一面退藏，一面發散，一面收斂，……。此一面表

---

137 唐君毅：《中國哲學原論·原教篇》（台北：學生書局，七十三年）頁 326-327。
138 唐君毅《中國哲學原論·原教篇》（台北：學生書局，七十三年）頁 326。

現發散，一面退藏收斂，豈非正是理之靈？則不只心是活物，而變動不居，理亦是活物，而變動不居也。」[139]心所發之理，雖看似定常，但此理其實是一面表現，一面退藏；一面發散，一面收斂的。理只是在心之發時，乍現一定常之貌，於此不可死看，須知心由已發再回歸於未發時，理又將退藏、收斂於心，屆時當無理相可尋。陽明曰：「心之體，性也，性即理也。天下寧有心外之性，寧有性外之理乎？寧有理外之心乎？」[140]要言之，心即理也，理非死理，亦係變動不居、生生不已之活物也。故「理爲虛靈明覺的，固亦同可說」也[141]。

四、「定理」與「妙理」

朱子學中通過即物窮理所求得之理，可稱之爲「定理」；象山學中本心應機所創發表現而成之理，則可稱之爲「妙理」。

朱子曾曰：「一便如一條索，那貫底物事，便如許多散錢。須是積累得這許多散錢了，卻將那一條索來一串穿。這便是一貫。」[142]「只要那一去貫，不要從貫去到那一；如不理會散錢，只管去討索來穿。」[143]朱子學便在通過即物窮理之工夫，今日格一些理，明日再格一些理，以求有朝一日心對理之豁然貫通也。唐君毅先生在評論陽明所舉「舜之不告而娶」與「武之不葬而興師」[144]之

---

139 唐君毅《中國哲學原論・原教篇》（台北：學生書局，七十三年）頁 326。
140 《王陽明全書》冊四、頁 13。
141 唐君毅《中國哲學原論・原教篇》（台北：學生書局，七十三年）頁 326。
142 《朱子語類》卷二十七、冊二、頁 684。
143 《朱子語類》卷一一七、冊七、頁 2829。
144 原文爲「夫舜之不告而娶，豈舜之前已有不告而娶者，爲之準則，故舜得以考之何典，問諸何人，而爲此耶？抑亦求諸其心一念之良知，權輕重之宜，不得已而爲此耶？武之不葬而興師，豈武之前，已有不葬而興師者，爲之準則，故武得以考諸何典、問諸何人，而爲此耶？抑亦求諸其心一念之良知，權輕重之宜，不得已而爲此耶？」《王陽明全書》冊一、頁 41-42。

二例時說：

> 一方固見一切人之所當爲者之如何，當視其時所在之具體
> 之情境而定，而不能拘一格；另一方亦見人之在一新的具體
> 情境中，爲其當下所當爲之事時，恆不免于違其平昔之所
> 爲、違一般社會習慣之所爲，而亦違其昔日之人之良知所
> 共視爲當爲者。是即見人之良知在一新具體的情境，所作
> 之一決定，即初若不能無憾。然此不能無憾之感，又正所
> 以見此當下之良知，有此當機的決定、或此創發性的表現
> 之莊嚴性者也。[145]

理須視具體道德情境如何而定，不能拘於一格。昔日所知之定理，
在今日之道德情境中未必能適用。即便能適用，仍須通過一轉化。
若昔日之定理因時空變遷，尚有礙於今日之道德情境時，人尚須
違背之，理方能應機創發表現而出也。簡言之，道德之理皆具有
當機性、創發性，即物窮理尚不足以語此也。牟宗三先生曰：「豈
是只准蜷伏於六經典籍之文字義理之間，逐旋磨將去，方可爲儒
者、爲聖人之道乎？若如此滯礙封限，正是聖人之道之死板化，
適應於初學下乘，未始不可，豈得專以此爲『定本』乎？」[146]即
物窮理固有其價值，惟只適應於初學下乘。象山學亦會讀書，亦
會窮理，亦會求此定理。但象山不將重心置於此處，以求無礙於
本心生物大用之發揮也。朱子實不識本心在不同之道德情境中，
恆有能創發性地表現爲應機「妙理」之生生大用，「本心之沛然不
禦正自然能創生富有日新之大業，無量德業，無量知識，無量義
理，皆從此生。」[147]過分強調即物窮理，所造成的知性之執，正

---

145 唐君毅：《中國哲學原論·原教篇》（台北：學生書局，七十三年）頁335。
146 牟宗三：《從陸象山到劉蕺山》（台北：學生書局，七十三年十一月再版）
　　頁188-189。
147 牟宗三：《從陸象山到劉蕺山》（台北：學生書局，七十三年十一月再版）

是窒礙封限而適足以抹煞本心創生性地表現。過分重視格物，所積得之定理，固難因應不同之道德情境而有其當機之表現。若更執此定理而不化，正是聖人之道的死板化。

五、「豁然貫通」與「隨時貫通」

在朱子學中，有所謂「豁然貫通」者，朱子曰：

> 人心之靈莫不有知，而天下之物莫不有理。惟於理有未窮，故其知有不盡也。是以大學始教，必使學者即凡天下之物，莫不因其已知之理而益窮之，以求至乎其極。至於用力之久，而一旦豁然貫通焉，則眾物之表裏精粗無不到，而吾心之全體大用無不明矣。此之謂物格，此之謂知之至也。[148]
>
> 盡其心者知其性也，知其性則知天矣。言人能盡其心，則是知其性，能知其性，則知天也。蓋天者理之自然，而人之所由以生者也。性者理之全體，而人之所得以生者也。心則人之所以主於身而具是理者也。天大無外，而性稟其全。故人之本心，其體廓然，亦無限量。惟其梏於形器之私，滯於見聞之小，是以有所蔽而不盡。人能即事即物窮究其理，至於一日會貫通徹，而無所遺焉，則有以全其本心廓然之體，而吾之所以為性，與天之所以為天者，皆不外乎此而一以貫之矣。[149]

豁然貫通之所以可能，關鍵在心之作用。「器遠問：窮事物之理，還當窮究箇總會處，如何？曰：不消說總會，凡是眼前底，都是事物。只管恁地逐項窮教到極至處。漸漸多，自貫通。然為之總

頁 201-202。
148 《四書章句集註》（台北：鵝湖出版社，七十三年）頁 6-7。
149 《朱子大全》卷六十七、冊八、頁 16。

會者，心也。」[150]「曹問：有可一底道理否？曰：見多後，自然
貫。又曰：會之於心，可以一得，心便能齊，但心安後便是義理。」
[151]朱子認爲窮理漸漸多後，心自然會將此散列之理加以貫通。朱
子曰：

> 禮是那天地自然之理，理會得時，繁文末節皆在其中。「禮
> 儀三百，威儀三千」，卻只是這個道理。千條萬緒，貫通來
> 只是一個道理。夫子所以說「吾道一以貫之」，曾子曰「忠
> 恕而已矣」是也。蓋為道理出來處，只是一源。散見事物，
> 都是一箇物事做出底。一草一木，與他夏葛冬裘，渴飲飢
> 食，君臣父子，禮樂器數，都是天理流行，活潑潑地。那
> 一件不是天理中出來！見得透澈後，都是天理。理會不得，
> 則一事各自是一事，一物各自是一物，草木各自是草木，
> 不干自己事。[152]

一草一木、夏葛冬裘、渴飲飢食、君臣父子、禮樂器數，乃至天
下萬事、萬物之理，未貫通時，一事各自是一事，一物各自是一
物，草木各自是草木，不干自己的事；貫通之後，雖千條萬緒，
皆出自共同之根源─心。朱子曾舉例曰：「一便如一條索，那貫底
物事便如許多散錢。須是積累得這許多散錢了，卻將那一條索來
一串穿。這便是一貫。」[153]即物所窮得之理如散錢，心則如一條
索。既然所謂一串穿是指積累許多散錢之後，以一條索來穿；則
朱子所謂之貫通當是指格許多物、窮許多理之後，體會到心爲眾
理之總會處也。貫通並不是將散列之萬理銷融於心，而泯除其理

150　《朱子語類》卷九、冊一、頁155。
151　《朱子語類》卷九、冊一、頁155。
152　《朱子語類》卷四十一、卷三、頁1049。
153　《朱子語類》卷二十七、冊二、頁684。

相，而只是實見到萬理皆爲心之一理，皆出自一共同之本源，因而對此萬理之運用，更有頭緒，更能得心應手也。朱子曾比喻道：「以前看得心只是虛蕩蕩地，而今看得來，湛然虛明，萬理便在裏面。向前看得便似一張白紙，今看得，便見紙上都是字。廖子晦們便只見得是一張紙。」[154]心如紙，理如字，即物窮理乃逐漸去識紙上之字，用力久後，終可了解全篇之意旨，了解諸字在此篇章中之分際、意含，而絲毫不亂、不雜，此朱子所謂之貫通也。

至於象山學中，如亦要言心對於理之貫通，則此貫通乃隨時之貫通也。唐君毅先生說：

> 當心之未發時，理之定常，雖銷融于心之虛靈義中，如洛書之方之融于河圖之圓；然當心之已發，則此理之定常，又隨心之一定之發用而俱見，如由河圖之圓而出洛書之方。則當心之由發用，再還歸未發時，吾人即又可說此心乃是將此定常之理，再向上卷起，而藏之于密，而虛靈化之，以再成此理之銷融。[155]

在象山學中，心發後，理係以定常之姿表現。惟當心由已發回歸於未發時，此定常之理便渾化於心，而無理相可見。心再發時，此心又表現爲另一定常理，另顯一定常之貌。唯當心再由已發還歸於未發時，則此定常之理又再次渾化於心，而無理相可見。理雖隨心之發用與否，或顯「渾化」貌，或顯「定常」貌，但皆不可死看，蓋此心、此理實際上乃變動不居、生生不已之活物，未可割截而論也。由「理」之角度言，未發之時，理係渾化於心；已發之後，理便粲然明著也。由「心」之角度言，未發之時，心係寂然不動；已發之後，心便感而遂通也。究極言之，心即理也，

---

154 《朱子語類》卷一一三、冊七、頁 2743。
155 唐君毅：《中國哲學原論‧原教篇》（台北：學生書局，七十三年）頁 327。

心與理乃二而一，一而二者，兩者是二名一實，一體之兩面。

象山學中，心由已發回歸於未發時，定常之理便爲心所虛靈化而渾化於心。此心對於理之虛靈化，亦可稱之爲貫通。唯此貫通乃隨時之貫通，而不同於朱子學中窮得許多理之後，有朝一日之豁然貫通也。

道德實踐之成就必有知識（物）之配合，吾人亦必對此知識之曲折相有所了當，始能成功理之貫徹。此被了當之知識，於理渾化於心後，亦與理一起消融於心，成爲心再次顯理時可自由運用之資材。以此種方式攝之於心的知識愈豐，心之生理便越容易也。

六、「外求」與「內求」

朱子曰：「人心之靈莫不有知，而天下之物莫不有理。惟於理有未窮，故其知有不盡也。是以大學始教，必使學者即凡天下之物，莫不因其已知之理而益窮之，以求至乎其極。至於用力之久，而一旦豁然貫通焉，則眾物之表裏精粗無不到，而吾心之全體大用無不明矣。此之謂物格，此之謂知之至也。」[156]如引文是指道德之理（心之理）應求之於外，筆者以爲朱子實難逃象山之責難，因爲道德之理顯然是由心所自發的。陽明有段話表達此義甚爲清楚：

> 朱子所謂格物云者，在即物而窮其理也。即物窮理，是就事事物物上求其所謂定理者也。是以吾心而求理於事事物物之中，析心與理而爲二矣。夫求理於事事物物者，如求孝之理於其親之謂也。求孝之理於其親，則孝之理其果在

---

156 《四書章句集註》（台北：鵝湖出版社，七十三年）頁 6-7。

於吾之心邪？抑果在於親之身邪？假而果在於親之身，則
親沒之後，吾心遂無孝之理歟？見孺子之入井，必有惻隱
之理，是惻隱之理，果在於孺子之身歟？抑在於吾心之良
知歟？其或不可以從之於井歟，其或可以手而援之歟，是
皆所謂理也。是果在於孺子之身歟？抑果出於吾心之良知
歟？以是例之，萬事萬物之理，莫不皆然，是可以知析心
與理為二之非矣。夫析心與理而為二，此告子義外之說，
孟子之所深闢也。務外遺內，博而寡要，吾子既已知之矣，
是果何謂而然哉？謂之玩物喪志，尚猶以為不可歟。[157]

一切道德之理，其實皆不外於本心。在此意義下，陽明曰：「天下
之事雖千變萬化，而皆（不）出於此心之一理。然後知殊途而同
歸，百慮而一致。」[158]「心之體，性也，性即理也。天下寧有心
外之性，寧有性外之理乎？寧有理外之心乎？外心以求理，此告
子義外之說也。理也者，心之條理也。是理也，發之於親，則為
孝；發之於君，則為忠；發之於朋友，則為信。千變萬化，至不
可窮竭，而莫非發於吾之一心。」[159]不管是孝之理、惻隱之理、
忠之理、信之理，乃至於一切道德情境中，本心所應機表現而出
的一切道德之理，雖千變萬化，「莫非發於吾之一心」。誠如唐君
毅先生所言：

人人自反省其惻隱、羞惡、辭讓、是非之心，而即能自知
其此心之為合理，而為此理之所在者。此理固唯是道德上
之當然應然之理，而非其他所謂外在事物之自身所以存在
之「事理」或「物理」，亦非任何其他之超越的玄理之類者

157　《王陽明全書》冊一、頁37。
158　《王陽明全書》冊一、頁165。
159　《王陽明全書》冊四、頁13。

也。[160]

這種「心即理」的說法，同於孟子所說的「且謂長者義乎？長之者義乎？」亦相當於康德所說的「自律」或「意志自我立法」[161]。康德說：「意志底自律是意志底特性，由於這種特性，意志（無關乎意欲底對象之一切特性）對其自己是一項法則。」[162]自律實即「心即理」，「心即理」就是意志之自我立法[163]。牟宗三先生說：

> 義不義之第一義惟在此自律自主之本心所自決之無條件之義理之當然，此即爲義之內在。內在者、內在于本心之自發、自決也。…此種自發自決之決斷、不爲某某，而唯是義理之當然，即爲本心之自律。一爲什麼某某而爲，便不是真正的道德，便是失其本心。承本心之自律而爲，便曰承體起用。此種承體起用顯是道德的當然之創造性之表現，即道德的目的性之實現。…象山是真能見到此義者，而朱子則落于「本質倫理」之他律。。[164]

道德之理，既然是本心所自發、自決，故當然不可外心以求之。所以，對於道德之理，應取象山之進路，求之於「本心自律之安不安」；朱子認爲天下之物莫不有理，而就天下之物窮其理，此是「關聯于他律以定足不足」，自然是博而寡要，求之愈繁，必失之愈遠。

　　不過，朱子之外求亦有其不可忽視之價值。

　　牟宗三先生說：「每一行爲實是行爲宇宙與知識宇宙兩者之融

---

160 唐君毅：《中國哲學原論・原教篇》（台北：學生書局，七十三年）頁215。
161 楊祖漢：《儒家的心學傳統》（台北：文津出版社，八十一年）頁219。
162 轉引自李明輝譯：《道德底形上學之基礎》（台北：聯經出版事業公司，七十九年）頁67。
163 楊祖漢：《儒學與康德的道德哲學》（台北：文津出版社，七十六年）頁46。
164 牟宗三：《從陸象山到劉蕺山》（台北：學生書局，七十三年十一月再版）頁180。

一。」[165]道德之理（心之理）之實際呈現，除了內求之外，尚須外在之知識以補充之，二者缺一不可。前引陽明言中，孝之理、惻隱之理固是在吾心，內求即可，但「不可以從之於井歟，其或可以手而援之歟」等理，完全不須外求，是生而知之，求之吾心即可乎？

此外，朱子之即物窮理，目的固然是欲窮盡心之理，惟在工夫之始，朱子學之重心卻在對此心之理的事前之知上。朱子學欲先累積此種對理之知，以便來日真須此理時，更能運用、更有憑藉也。此種對理的事前之知，亦可外求而得，此正是聖賢典籍不可廢之理由所在。因而外求並非如陸王所言，必然爲非也。

即物窮理之路，可謂極爲艱苦。朱子對之始終甘之如飴，從未意識到尚有其他踐德之路之可能。朱子學因過分重視、強調即物窮理，每每陷於知性之執中，使本心生物大用無法發揮。陸王批判朱子外求之非，固亦有不可掩之深義在也。

綜上之言可知，朱子之學實有四落：

1.朱子認爲性理（心之體）是「不可言」、「無形影」、「不可說」的，只能以後天由流溯源之方法來加以掌握，則在朱子學中，所謂性理（心之體）不啻是一理論之預設。對性理（心之體）無親切之體會，乃朱子歧出之首因—此一落也。

2.朱子對本心性體無親切之體會，不知本心性體本來具足之踐德動力可爲隱默之表現。處於隱默狀態之本心性體，固不足以成就一道德行爲。但若有適當之實踐工夫，喚之、醒之，則本心性體本有之踐德動力，即可由隱默而彰顯，沛然莫之能禦也。朱子只見人心之發恆有不善，遂以爲本心性體本無踐德之動力，本

165 牟宗三：《從陸象山到劉蕺山》（台北：學生書局，七十三年十一月再版）頁250。

心性體之活動義遂泯沒而不見。一此二落也。

　　3.朱子既以本心性體本無踐德之動力，不得不另覓踐德動力之來源，其所思得之實踐工夫乃即物窮理也。爲求實踐之圓滿性，朱子又將即物窮理之對象定爲天下之物，如此一來，造成實踐之路之諸多糾葛、荊棘與障礙一此三落也。

　　4.通過即物窮理所求得者，只能是定理，而非應機之妙理。朱子學之實踐進路，每易成爲積眾定理於心，執而不化之局面。如此一來，非但成聖不易，反適足以造成聖人之道之死板化一此四落也。

第三章 心與物

　　一個道德行為之成就，除了「心」之外，亦須「物」之配合。牟先生在《從陸象山到劉蕺山》一書論及陽明處曾說：

　　　一切行為皆須有此知識之條件。是以在致良知中，此「致」字不單表示吾人作此行為之修養工夫之一套，（就此套言，一切工夫皆集中於致），且亦表示須有知識之一套以補充之。此知識之一套，非良知天理所可給，須知之於外物而待學。因此，每一行為實是行為宇宙與知識宇宙兩者之融一。[1]

道德心只是道德行為之形式成素而已；除了道德心之外，還需要有知識，即材質成素為其補充。每一道德行為都是形式與材質成素二者之融一。我們雖以知識指涉道德行為之材質成素，但此知識之名，所重者其實不僅在「知」，亦在「能」也[2]。陽明曰：「嬰兒在母腹時，只是純氣，有何知識？出胎後，方始能啼，既而能笑，又既而能認識其父母兄弟，又既而能立、能行、能持、能負，卒乃天下之事無不可能。」[3]我們從小到大便在日常生活中不斷地學習、積累這些知識、能力，它們由點而線，由線而面，構成一廣大之知能網，成為道德實踐中本心可加以運用之材質。道德行

1　牟宗三：《從陸象山到劉蕺山》（台北：學生書局，民國七十三年十一月再版）頁250。
2　此「能」係指經由後天學習、積累而成，而有助於踐德之能力。
3　《王陽明全書》冊一、頁12。

爲之成就，既然除了心之外，也須物之配合，那麼理應對物亦有所交代。「物」即本章探討之重點。

第一節　朱子言心與物

一、格天下之物

朱子認爲「天下之物莫不有理」[4]、「天下無性外之物」[5]、「天下無無性之物」[6]。朱子曰：

> 天之生物，有有血氣知覺者，人獸是也。有無血氣知覺而但有生氣者，草木是也。有生氣已絕而但有形質臭味者，枯槁是也。是雖其分之殊，而其理則未嘗不同。但以其分之殊，則其理之在是者不能不異。故人爲最靈，而備有五常之性。禽獸則昏而不能備。草木枯槁則又並與其知覺者而亡焉。但其所以爲是物之理，則未嘗不具耳。若如所謂纔無生氣便無此理，則是天下乃有無性之物，而理之在天下乃有空闕不滿之處也，而可乎？[7]

人獸，有血氣知覺；草木，無血氣知覺，但有生氣；枯槁，則生

4　《四書章句集註》（台北：鵝湖出版社，七十三年）頁6-7。

5　原文爲：「問：『枯槁之物亦有性，是如何？』曰：『是他合下有此理。故云天下無性外之物。』因行街，云：『階磚便有磚之理。』因坐，云：『竹椅便有竹椅之理。枯槁之物謂之無生意，則可；謂之無生理，則不可。如朽木無所用，止可付之爨灶，是無生意矣。然燒甚麼木，則是甚麼氣，亦各不同，這是理元如此。』《朱子語類》卷四、冊一、頁61。

6　原文爲：「天下無無性之物，除是無物，方無此性。若有此物，即如來喻木燒成灰，人陰爲土，亦有此灰土之氣。既有灰土之氣，即有灰土之性。安得謂枯槁無性也。」《朱子大全》卷五十八、冊七、頁14。

7　《朱子大全》卷五十九、冊七、頁36。

氣已絕，但有形質臭味。人獸、草木、枯槁，三者雖有不同，唯若不考慮氣質，只就理言，則各物並無不同，故朱子曰：「是雖其分之殊，而其理則未嘗不同」。各物之理雖本無不同，但落入氣後，因受氣質影響，則各物所得之理就不能無異，故朱子曰：「其理之在是者不能不異。」萬物之中以人為最靈，得道理之全體，備有五常之性；禽獸則昏而不能備五常之性，但仍有知覺；草木則無知覺，唯仍有生氣；枯槁則無生氣，只具生理也。就實而論，天下之物之理雖然不能無異，但物物皆具其所以為是物之理。故朱子曰：「其所以為是物之理則未嘗不具爾。」

　　既然天下之物皆有理，朱子學格物之範圍遂定為天下之物。朱子曰：

> 世間之物，無不有理，皆須格過。古人自幼便識其具。且如事君事親之禮，鐘鼓鏗鏘之節，進退揖遜之儀，皆目熟其事，躬親其禮。及其長也，不過只是窮此理，因而漸及於天地鬼神日月陰陽草木鳥獸之理，所以用工也易。今人皆無此等禮數可以講習，只靠先聖遺經自去推究。所以要人格物主敬，便將此心去體會古人道理，循而行之。如事親孝，自家既知所以孝，便將此孝心依古禮而行之；事君敬，便將此敬心依聖經所說之禮而行之。一一須要窮過，自然浹洽貫通。[8]
>
> 問竇從周：曾會看格物一段否？因言：聖人只說格物二字，便是要人就事物上理會。且自一念之微，以至事事物物，若靜若動，凡居處飲食言語、無不是事，無不各有箇天理人欲。須是逐一驗過。[9]

8　《朱子語類》卷十五、冊一、286-287。
9　《朱子語類》卷十五、冊一、287。

這個事，須是四方上下、小大本末，一齊貫穿在這裏，一齊理會過。其操存踐履處，固是緊要，不可間斷。至於道理之大原，固要理會；纖悉委曲處，也要理會；制度文為處也要理會；古今治亂處，也要理會；精粗大小，無不當理會。四邊一齊合起，工夫無些罅漏。東邊見不得，西邊須見得；這下見不得，那下須見得；既見得一處，則其他處亦可以類推。[10]

…只要那一去貫，不要從貫去到那一；如不理會散錢，只管要去討索來穿。如此，則中庸只消「天命之謂性」一句，及「無聲無臭至矣」一句便了。中間許多「達孝」、「達德」、「九經」之類，皆是粗跡，都掉卻，不能耐煩去理會了。如「禮儀三百，威儀三千」，只將一箇道理都包了，更不用理會中間許多節目。今須是從頭平心讀那書，許多訓詁名物度數，一一去理會。如禮儀，須自一二三四數至於三百；威儀，須自一百二百三百數至三千；逐一理會過，都怎地通透，始得。[11]

朱子認爲世間之物，自一念之微，以至事事物物，四方上下、小大本末，無不有理，皆須格過。朱子之所以將格物之對象定爲天下之物，原因之一可能是欲以聖賢爲標準。朱子曰：「蓋聖主於德，固不在多能，然聖人未有不多能者。」[12]朱子看到聖賢「無所不通，無所不能」，故認爲學者格物亦應以聖賢爲標準，直做到聖賢之地位：

今之為學，須是求復其初，求全天之所以與我者，始得。

---

10 《朱子語類》卷一二一、冊八、頁2921。
11 《朱子語類》卷一一七、冊七、頁2829。
12 《朱子語類》卷三十六、冊三、頁958。

若要全天之所以與我者，便須以聖賢為標準，直做到聖賢
地位，方是全得本來之物而不失。⋯其間讀書，考古驗今，
工夫皆不可廢。[13]

聖賢無所不通，無所不能，那箇事理會不得？如中庸「天
下國家有九經」，便要理會許多物事。如武王訪箕子陳洪
範，自身之視、聽、言、貌、思，極至於天人之際，以人
事則有八政，以天時則有五紀，稽之於卜筮，驗之於庶徵，
無所不備。如周禮一部書，載周公許多經國制度，那裏便
有國家當自家做？只是古聖賢許多規模，大體也要識。蓋
這道理無所不該，無所不在。且如禮樂射御書數，許多周
旋升降文章品節之繁，豈有妙道精義在？只是也要理會。
理會得熟時，道理便在上面。又如律曆、刑法、天文、地
理、軍旅、官職之類，都要理會。雖未能洞究其精微，然
也要識箇規模大概，道理方浹洽通透。[14]

朱子認為格物「須以聖賢為標準，直做到聖賢地位」，「聖賢無所
不通，無所不能」，故物亦當無所不格。牟宗三先生指出，朱子學
是一種「泛認知主義」：

蓋朱子所謂「物」本極廣泛，一切事事物物皆包在內。不
徒外物是物。即吾人身心上所發之事亦是物。惻隱、羞惡、
辭遜、是非等即是心上所發之事，故亦是物。「窮、是窮在
物之理」。就心上所發之事以窮其理，亦是「窮在物之理」。
此是泛認知主義，把一切平置而為認知之所對。[15]

13　《朱子語類》卷一一八、冊七、頁2844。
14　《朱子語類》卷一一七、冊七、頁2830-2831。
15　牟宗三：《心體與性體》第三冊（台北：正中書局，七十年十月台五版）頁
　　358-359。

格物是一種「心知之明」與「在物之理」間之攝取關係[16]。朱子把事事物物平置成爲「心知之明」之所對，不管內在、外在、有形、無形 —— 一切皆爲「在物之理」，而爲格物工夫之對象。

二、物之類

朱子曰：「物理無窮，故他說得來亦自多端。」[17]因物之範圍極爲廣大，故物之種類亦必極多。唐君毅先生說：「朱子所謂窮理之事，不外吾人今所謂知物之實然之狀，與其原因等實然之理，與吾人之如何應之當然之理。」[18]依照唐先生的說法，朱子學之物可以大略區分爲實然之狀、實然之理與當然之理等。以下分別論之：

（一）當然之理

當然之理如「事君事親之禮」、「鍾鼓鏗鏘之節」、「進退揖遜之儀」[19]等。朱子曰：「禮儀，須自一二三四數至於三百。威儀，須自一百二百三百數至三千。逐一理會過，都恁地通透，始得。」[20]格物工夫最主要之對象便是當然之理。

當然之理相當於牟宗三先生所說的「道德行爲自身之知識系統」。牟宗三先生指出，我們的道德行爲自身即是一知識系統：「一在每一致良知行爲自身即是一知識系統。……如『事親』自身即爲一知識系統，即必須知什麼是事親，如何去事親也。」[21]例如

---

16 牟宗三：《心體與性體》第三冊（台北：正中書局，七十年十月台五版）頁359。
17 《朱子語類》卷十八、冊二、頁391。
18 唐君毅：《中國哲學原論·原教篇》（台北：學生書局，七十三年）頁267-268。
19 《朱子語類》卷十五、冊一、頁286-287。
20 《朱子語類》卷一一七、冊七、頁2829。
21 牟宗三：《從陸象山到劉蕺山》（台北：學生書局，七十三年十一月再版）頁255。

「事親」此一道德行為自身即須一「事親」之知識系統補充之，即必須知道什麼是事親，如何去事親，而以什麼是事親，如何去事親之知識系統為事親道德行為之材質因也。[22]這類知識在道德行為中是本心流行、貫徹之憑藉，而為本心所用以成就其自身。

朱子曰：「…格物，便是要閒時理會，不是要臨時理會。」[23]「蓋先學得在這裏，到臨時應事接物，撞著便有用處。」[24]格物一開始所重者，即在求對各種當然之理，有一種預先之「知」也，此之謂「閒時理會」、「先學得在這裡」。朱子學欲先有此等對當然之理的預先之知，俟實際道德情境產生後，再將之轉化為心之理。

（二）實然之狀與實然之理

實然之狀與實然之理，如「天地、鬼神、日月、陰陽、草木、鳥獸之理」[25]，「律曆、刑法、天文、地理、軍旅、官職之類」[26]，「萬物之榮悴與夫動植大小，這底是可以如何使，那底是可以如何用，車之可以行陸，舟之可以行水…」等。[27]

牟宗三先生將物分成「道德行為自身之知識系統」與「副套之知識系統」兩類，實然之狀與實然之理相當於牟先生所說之「副套之知識系統」。牟先生說：「一在致良知之整全行為中之副套之成知識之致良知行為，……如『事親』中之知『親』，『造桌子』中之知『桌子』，……成功知『親』知『桌子』之知識系統。」[28]

---

22 唐君毅：《中國哲學原論‧導論篇》（台北：學生書局，七十五年九月全集校訂版）頁 255。
23 《朱子語類》卷十八、冊二、頁 394。
24 《朱子語類》卷十八、冊二、頁 397。
25 《朱子語類》卷十五、冊一、頁 286-287。
26 《朱子語類》卷一一七、冊七、頁 2830-2831。
27 《朱子語類》卷十八、冊二、頁 395。
28 牟宗三：《從陸象山到劉蕺山》（台北：學生書局，七十三年十一月再版）頁 255。

對於「親」之知識，是「事親」此一行爲之副套，對於「桌子」之知識，則是「造桌子」此一行爲之補充。在我們的道德行爲中，確實有許多這類知識（實然之狀與實然之理）爲道德行爲的材質因。牟先生說：「『見孺子入井』是一機緣，『見』是眼見，故是感性的，然而在這見之機緣上，本心呈現，⋯⋯。」[29]在見孺子將入於井的道德情境中，怵惕惻隱之心的發用流行，雖然並不是感性的識心在作直覺，也不是辨認的知性在作概念的思考，但其發用流行，卻須「孺子」、「井」等知識補充之。假使我們不知「孺子」與「井」爲何物，在見孺子將入於井時，如何會有怵惕惻隱之心呈現？實然之狀與實然之理可是引發本心呈現之機緣，在本心流行之過程中，它們亦可爲本心所統攝、運用，並以此方式成爲道德行爲之材質成素。不僅見孺子將入於井時如此，在其他的道德行爲中亦莫不如是。唐君毅先生說：

> 言道德上之「當然應然之理」，在吾人道德的心之發用中，初非謂此心此理之無一般所謂「所對之外物」；而實正以此心之自始即有其所對之外物，而後有此心之發用。⋯吾人之必先于外物有聞見，然後方繼而有吾人對之之道德的心情、意念與行爲，如忠孝之心情之類。此即正見此諸忠孝心情等，乃繼外物之聞見，而吾人更對此外物加以回應時，所表現者。[30]

道德心，往往是繼外物之聞見而後有之表現。先對物有所聞見，爾後乃有本心之發用，此非意謂物是本心之所以會發的決定因素。因爲即使具備了對物之知識，本心仍有不發之可能。物除了作爲引發本心呈現之媒介外，有時亦是本心流行、貫徹之一種憑

---

29 牟宗三：《現象與物自身》（台北：學生書局，七十三年八月四版）頁 101。
30 唐君毅：《中國哲學原論·原教篇》（台北：學生書局，七十三年）頁 215-216。

藉。唐君毅先生說：

> 譬如吾人先依知識之知，知吾人當前之對象為親，而又見
> 親之面容憔悴，遂即知其為病。於是我即往問病，而心懷
> 憂慮。此中知其為親，與知其病，皆為知一實然之事，而
> 為一聞見之知或知識之知。吾之即往問病，心懷憂慮，則
> 吾人孝親之良知，或德性之知之自然流露，以向於吾親之
> 事。……此中，吾之孝心或孝之良知之流露或發出，乃直
> 接透過吾對吾親之聞見之知或知識之知，而流露發出；則
> 此聞見之知、知識之知，亦為開啟我之良知之流露發出，
> 同時為此良知或德行之知所通過貫注，以向於吾親者。於
> 是此中之聞見之知或知識之知，即復可視為此德行之知之
> 流行之軌轍、或可能條件，而可說其直接為良知之所用以
> 成就其自身之表現者。[31]

唐先生指出，物除了作為引發本心呈現之媒介外，在實踐的過程
中，它們亦為本心所通過、貫注，而本心所用以成就其自身。

　　我們可分析道德行為自身之知識系統（當然之理），得到作為
其組成份子之副套知識系統（實然之狀與實然之理）也。如在事
親行為中，「知親」是一副套，「知親須事」亦是一副套，「知某物
可用以事親」仍是一副套也。

　　嚴格言之，副套知識系統亦可分析出許許多多之組合成素。
如上述見孺子將入於井的例子中，「對井之知識」是一副套知識系
統─此副套知識系統是由「井中有水」、「水可溺人」、「井有危險」
等組合而成者。其實，如再對這些組合成素加以追究，仍可分析
出許多更微細之成素也。

---

31 唐君毅：《中國哲學原論‧導論篇》（台北：學生書局，七十五年九月全集校
　　訂版）頁 361。

朱子曰：「有人只理會得下面許多，都不見得上面一截，這喚做知得表、知得粗。又有人合下便看得大體，都不就中間細下工夫，這喚做知得裏、知得精。」[32]知得物之許多實然之理與實然之狀等，而不將之關連於當然之理，是「只就皮殼上做工夫，卻於理之所以然者全無是處」[33]，此是「知得表、知得粗」。若只是粗略地知得當然之理的大概，而忽略其中之實然之狀、實然之理等，則是「於事物上都不理會」[34]，此是「知得裏、知得精」。朱子認爲「二者都是偏」[35]。

朱子曰：「天下之理，偪塞滿前，耳之所聞，目之所見，無非物也，若之何而窮之哉？須當察之於心，使此心之理既明，然後於物之所在從而察之，則不至於汎濫也。」[36]又曰：「天下事當從本理會，不可從事上理會。」[37]若論格物之先後輕重，自然應以格「當然之理」爲先、爲重，格「實然之狀、實然之理」爲後、爲輕。

當然之理與實然之狀、實然之理又約略相當於朱子所言之「內事」、「外事」。朱子曰：

> 「致知」一章，此是大學最初下手處。若理會得透徹，後面便容易。故程子此處說得節目最多，皆是因人之資質耳。雖若不同，其實一也。見人之敏者，太去理會外事，則教之使去父慈、子孝處理會，曰：「若不務此，而徒欲汎然以觀萬物之理，則吾恐其如大軍之遊騎，出太遠而無所歸。」

---

32 《朱子語類》卷十六、冊二、頁 324。
33 《朱子語類》卷十六、冊二、頁 325。
34 《朱子語類》卷十六、冊二、頁 325。
35 《朱子語類》卷十六、冊二、頁 324。
36 《朱子語類》卷十八、冊二、頁 400。
37 《朱子語類》卷百八、冊七、頁 2678。

若是人專只去裏面理會，則教之以「求之情性，固切於身，然一草一木，亦皆有理」。要之，內事外事，皆是自己合當理會底，但須是六七分去裏面理會，三四分去外面理會方可。若是工夫中半時，已自不可。況在外工夫多，在內工夫少耶！此尤不可也。[38]

要知學者用功，六分內面，四分外面便好，一半已難，若六分外面，則尤不可。[39]

當然之理與實然之狀、實然之理，雖然皆須理會，但用功之輕重須是六七分去理會內事－當然之理，三四分去理會外事－實然之狀與實然之理方是。

三、以心攝在物之理

朱子有理係在內而非在外之種種說法，如：「所覺者，心之理也。」[40]「許多道理，皆是人身自有底。」[41]不過，在前章中筆者已指出，上述說法，是朱子就不雜而言之虛說，此是為了要得分明之故，朱子學則應以實說為主而論之。由虛轉實，須賴實踐。唐君毅先生曾言，工夫不濟，一切只由超越地反省所見得之理，落到現實，仍是與現實不合一。唯有靠實踐，超越地言之理，方能具體地實現。[42]此意，朱子知之甚深。在朱子學中，理雖為「已

38　《朱子語類》卷十八、冊二、頁406。
39　《朱子語類》卷十八、冊二、頁406。
40　《朱子語類》卷五、冊一、頁85。
41　《朱子語類》卷九、冊一、頁154。
42　唐君毅先生說：「然無論吾人如何對此形上心性本體深看深說，而更見得其內容之深密與充實，在人之道德生活中，仍有一現實之問題。即此形上之心性本體，如何實見于用之問題。……使形而下者即形而上之理之表現，以至不見形而上者之外之形而下，歸根到底，仍在工夫。工夫不濟，則一切只由超越的反省所見得之形而上之合一，落到現實，仍是與現實不合一。」請參閱：《中國哲學原論・原教篇》（台北：學生書局，七十三年）頁187-188。

知之理」，惟理之具體朗現，仍須靠即物窮理之工夫，故朱子曰：

> 「盡心如明鏡，無些子蔽翳。只看鏡子若有些少照不見處，
> 便是本身有些塵污。如今人做事，有些子糊塗窒礙，便只
> 是自家見不盡。此心本來虛靈，萬理具備，事事物物皆所
> 當知。今人多是氣質偏了，又為物欲所蔽，故昏而不能盡
> 知。聖賢所以貴於窮理。」又曰：「萬理雖具於吾心，還使
> 教他知，始得。今人有箇心在這裏，只是不曾使他去知許
> 多道理。少間遇事做得一邊，又不知那一邊，見得東，遺
> 卻西。少間只成私意，皆不能盡道理。盡得此心者，洞然
> 光明，事事物物無有不合道理。」[43]

> 李孝述曰：「物未格，便覺此一物之理，…似為心外之理，…
> 及既格之，便覺彼物之理為吾心素有之物。」朱子批曰極
> 是。[44]

牟宗三先生說朱子之心與理一，「只是關聯地為一，貫通地為一，
其背景是心與理為二，而不是分析地為一，創發地心即理之為
一」。[45]就實而論，未格物前，理是處於未窮、未盡之狀態，未窮
盡之理尚不能與心合，故兩者仍是為二而非為一也。須通過即物
窮理，盡得此心，洞然光明，方能實見「此心本來虛靈，萬理具
備，事事物物皆所當知。」心理方能合一。

　　朱子曰：「蓋性者是人所受於天，有許多道理為心之體者也。
天道者，謂自然之本體所以流行而付與萬物，人物得之以為性者
也。」[46]關於理，可分二層面言之：就天地萬物言，可名之為「道

---

43 《朱子語類》卷六十、冊四、頁 1425。
44 《朱子大全》續集、卷十、冊十二、頁 12-13。
45 牟宗三：《從陸象山到劉蕺山》（台北：學生書局，七十三年十一月再版）頁
　　120。
46 《朱子語類》卷二十八、冊二、頁 726。

理」或「天理」；就人物言，可名之爲「性理」。朱子曰：「道即性，性即道，固只是一物。然須看因甚喚做性，因甚喚做道。」[47]雖有天理、性理之別，此不過是因立論層面不同而有之方便分別。「問：理與氣。曰：伊川說得好，曰：『理一分殊。』合天地萬物而言，只是一個理；及在人，則又各自有一個理。」[48]要言之，「理一」也，天理即性理，性理即天理也。

　　就總說的天理言，朱子認爲天理是「無情意」、「無計度」、「無造作」、「無形跡」、「無形體」的一個「淨潔空闊底世界」[49]，又曰：「理無形體。」[50]故不宜就數量來言天理。但在就人而說之性理方面，朱子則曰：「性是許多理，散在處爲性。」[51]「性是天生成許多道理。」[52]則性理應可以量言之也。所以在朱子學中，總說的天理是一，散說的性理（許多道理、仁義禮智之理、萬理、衆理）爲多也。朱子曾比喻道：「以前看得心只是虛蕩蕩地，而今看得來，湛然虛明，萬理便在裏面。向前看得便似一張白紙，今看得，便見紙上都是字。廖子晦們便只見得是一張紙。」[53]心如紙，理如字，心具理便如紙上都是字也。故朱子亦言心之「量」曰：「人有是心，莫非全體。然不窮理，則有所蔽而無以盡乎此心之量。故能極其心之全體而無不盡者，必其能窮夫理而無不知者也。」[54]在朱子學中，衆理是以並列之方式存之於心，理之總合即構成了此心之量。朱子曾舉例曰：「一便如一條索，那貫底物事，

47　《朱子語類》卷五、冊一、頁 82。
48　《朱子語類》卷一、冊一、頁 2。
49　《朱子語類》卷一、冊一、頁 3。
50　《朱子語類》卷一、冊一、頁 1。
51　《朱子語類》卷五、冊一、頁 83。
52　《朱子語類》卷五、冊一、頁 83。
53　《朱子語類》卷一一三、冊七、頁 2743。
54　《四書章句集註》（台北：鵝湖出版社，七十三年）頁 349。

便如許多散錢。須是積累得這許多散錢了，卻將那一條索來一串穿。這便是一貫。」[55]朱子學便在通過即物窮理之工夫，今日即一些物、格一些理，明日再即一些物、格一些理，以求有朝一日心對於理之豁然貫通也。牟宗三先生說：「朱子真正工夫著力處實在格物窮理，全部事業、勁力全在格物窮理處展開。」[56]朱子學不僅重質，亦重量也，每一理皆須通過格物工夫去窮、去盡之後，方真可說心具此理也。

四、陽明之疑

陽明曰：「先儒解格物爲格天下之物，天下之物如何格得？且謂一草一木亦皆有理，今如何去格？縱格得草木來，如何反來誠得自家意？」[57]關於朱子之格物說，陽明提出了三個質疑：

1. 天下之物是無窮的，如何可能格盡？
2. 事事物物既然無不有理，草木當然也不例外，草木之理要如何去格？
3. 如此格得之理（如草木之理），又如何可以與心關聯在一起，以成就我們的道德行爲？

今且順著陽明提出的三個問題加以探討。

首先，在朱子學中，「物」的確是泛指一切物而言的，天下之物都可以說是格物工夫的對象。朱子說：「世間之物，無不有理，皆須格過。」[58]由此等話語看來，朱子似乎認爲天下之物都必須一一格過、理會過才是。可是在他處，朱子又有一些不同的說法：

---

55 《朱子語類》卷二十七、冊二、頁684。
56 牟宗三：《從陸象山到劉蕺山》（台北：學生書局，七十三年十一月再版）頁129。
57 《王陽明全書》冊一、頁99。
58 《朱子語類》卷十五、冊一、頁286。

「今人務博者，卻要盡窮天下之理，務約者，又謂反身而誠，則
天下之物無不在我者，皆不是。如一百件事，理會得五、六十件
了，這三、四十件雖未理會，也大概是如此。」[59]朱子不但反對
務約者，所謂「反身而誠，則天下之物無不在我」之看法；他也
了解務博者，欲格一切物以「盡窮天下之理」，亦不可能。為除務
約者之非，必須努力下學、格物；為免務博者之謬，亦不可博而
無要。

> 問：「格物，莫是天下之事皆當理會，然後方可？」曰：「不
> 必如此。聖人正怕人如此。聖人云：「吾少也賤，故多能鄙
> 事。」又云：「君子多乎哉？不多也。」又云：「多聞，擇
> 其善者而從之，多見而識之，知之次也。」聖人恐人走作
> 這心無所歸著。故程子云：「如大軍之遊騎，出太遠而無所
> 歸也。」[60]

天下之事皆去理會，正是走作這心，無所歸著，乃朱子所不許。
所以，當朱子說「學者之窮理，無一物而在所遺也」或「世間之
物無不有理，皆須格過」之時，他並非真要我們去格盡天下之物。
朱子真正的意思應是「無一理在所遺也」或「世間之理皆須領會」。
朱子曰：「不可盡者心之事，可盡者心之理。」[61]「盡心，謂事物
之理皆知之而無不盡。」[62]必須去領會而不可遺漏的，其實是「理」
而非「物」。所以朱子才會對「格物，莫不是天下之事皆當理會，
然後方可」的問題，作出「不必如此，聖人正怕人如此」的回答。
「今人務博者，卻要盡窮天下之理」的說法，是主張以格盡天下

---

59 《朱子語類》卷十八、冊二、頁 395。
60 《朱子語類》卷十八、冊二、頁 400。
61 《朱子語類》卷六十、冊四、頁 1426。
62 《朱子語類》卷六十、冊四、頁 1426。

之物爲方法，來窮盡天下之理—朱子當然亦要反對。

可是領會天下之理如何可能呢？對此問題，朱子是以「豁然貫通」的說法來解決。朱子極讚賞程子「積習既多，然後脫然有箇貫通處」之言，認爲此語「尤有意味」[63]、「他此語便是真實做工夫來」[64]。朱子認爲我們並不須實際去格盡天下之物，我們只要格得相當數量之物後，對於理自然有豁然貫通之一日。朱子曰：

> 凡是眼前底，都是事物。只管恁地逐項窮教到極至處，漸漸多，自貫通。[65]

> 然心無限量，如何盡得？物有多少，亦如何窮得盡？但到那貫通處，則纔拈來便曉得，是爲盡也。[66]

> 人心之靈莫不有知，而天下之物莫不有理。惟於理有未窮，故其知有不盡也。是以大學始教，必使學者即凡天下之物，莫不因其已知之理而益窮之，以求至乎其極。至於用力之久，而一旦豁然貫通焉，則眾物之表裏精粗無不到，而吾心之全體大用無不明矣。此之謂物格，此之謂知之至也。[67]

朱子認爲豁然貫通之後，剩餘之物雖未爲我們所格，但經由觸類旁通，其理也能爲我們所領會，朱子曰：「十事已窮得八九，則其一二雖未窮得，將來湊會都自見得。又如四旁已窮得，中央雖未窮得，畢竟是在中間了，將來貫通自能見得。」[68]對於未格之理，可藉由對已格之理的了解，觸類旁通。故有些物雖未實際格過，其理「則纔拈起來便曉」也。

---

63 《朱子語類》卷十八、冊二、頁391。
64 《朱子語類》卷十八、冊二、頁392。
65 《朱子語類》卷九、冊一、頁15。
66 《朱子語類》卷六十、冊四、頁1425。
67 《四書章句集註》（台北：鵝湖出版社，七十三年）頁6-7。
68 《朱子語類》卷十八、冊二、頁396。

　　即物窮理所即之物雖然各個不同，但所窮之理則並非異質的。天下之物所含之理，只不過是一理之散為萬殊而已。朱子曰：「只是就自家身上體驗，一性之內，便是道之全體。千人萬人，一切萬物，無不是這道理。不特自家有，它也有；不特甲有，乙也有。天下事都恁地。」[69]所以，學者若真能積累到豁然貫通之境，實見萬理只是一理，對未格之物所具之理，自然也可有所領會。朱子曰：「…知至只是到脫然貫通處，雖未能事事知得，然理會得已極多。萬一有插生一件差異底事來，也都識得他破。只是貫通，便不知底亦通將去。」[70]「且如一百件事，理會得五六十件了，這三四十件雖未理會，也大概可曉了。」[71]「理有未明，則見物而不見理;理無不盡，則見理而不見物。不見理，故心為物蔽，而知有不極;不見物，故知無所蔽，而心得其全。」[72]

　　由上可知，從朱子學的立場來看，其實並無「天下之物如何可能格盡」的問題，誠如唐君毅先生所言:「朱子…文雖若有于天下之物無不格之意，然在實際上，其格物之事固只以當格之物為限也。」[73]只不過朱子表達地不夠清楚，遂招來陽明之質疑。

　　其次，陽明早年思朱子「眾物必有表裡精麤，一草一木，皆涵至理」[74]之言，於是有格竹致病的事件。陽明在入手時就期望於草木之間悟出至理，這顯然是對朱子學的誤解。朱子曰：

　　　　格物之論，伊川意謂雖眼前無非是物，然其格之也，亦須
　　　　有緩急先後之序，豈遽以為存心於一草木器用之間，而忽

69　《朱子語類》卷一一六、冊七、頁2788。
70　《朱子語類》卷十八、冊二、頁396。
71　《朱子語類》卷一一七、冊七、頁2822。
72　《朱子大全》續集、卷十、冊十二、頁12。
73　唐君毅：《中國哲學原論・原教篇》（台北：學生書局，七十三年）頁266。
74　《王陽明全書》冊四、頁80。

> 然懸悟也哉？且如今為此學而不窮天理、明人倫、講聖言、
> 通世故，乃兀然存心於一草一木一器用之間，此是何學問？
> 如此而望有所得，是炊沙而欲其成飯也。[75]
>
> 今若于一草一木上理會，有甚了期。[76]
>
> 若以為一草一木亦皆有理，今日又一一窮這草木是如何，
> 明日又一一窮這草木是如何，則不勝其繁矣。[77]

後來陽明也領悟了這點，他二十七歲讀朱子上宋光宗疏後，才後
悔自己「未嘗循序以致精，宜無所得。」[78]吾人其實應依「緩急
先後之序」，找到一下工夫之始點，唐君毅先生說：

> 如自外而觀，此工夫之進行，其範圍乃時在擴充之中，即
> 不能有窮盡或定限。…故朱子亦可汎說學者于天下之物，
> 當「無所不通，無所不曉」也。然自內而觀之此工夫進行
> 之所自始，則又儘可時時有其定限之範圍。…吾人于所接
> 物之中，固原可只如前引朱子言格物之語，以別其輕重緩
> 急，定當格之物先後之序。吾所視為最重要之物，即吾當
> 下所當格之物，以為吾人格物致知工夫之始點者。[79]

格物之範圍雖不能有窮盡或定限，但吾人可依輕重緩急，定當格
之物的先後之序，吾人所視爲最重要之物，即吾人當下所應格之
物，而可爲吾人格物工夫之始點。一草一木在通常之情形下，並
不應作爲格物工夫之始點。

　　前已言之，朱子學格物之對象主要有實然之狀、實然之理與
當然之理等，它們又如何與心關連起來，以成就我們的道德行爲

---

75 《朱子大全》卷三十九、冊十二、頁23。
76 《朱子語類》卷十八、冊二、頁406-407。
77 《朱子語類》卷十八、冊二、頁396。
78 《王陽明全書》冊四、頁80。
79 唐君毅：《中國哲學原論・原教篇》（台北：學生書局，七十三年）頁278。

呢？

　　實然之狀與實然之理相當於牟宗三先生所說的副套之知識系統。副套（實然之狀與實然之理）知識，不但可作爲引發本心流露、發出之媒介，在本心流行的過程中，它們亦常爲本心所統攝、運用，並以此方式成爲道德行爲之材質成素，而與本心融而爲一。

　　當然之理相當於牟先生所說的道德行爲自身之知識系統，牟宗三先生指出，我們的實踐行爲自身即是一知識系統。在格物之始，所重者正係對當然之理（知識系統）的一種預先之「知」也。朱子曰：

> 子淵說：「格物，先從身上格去。如仁義禮智，發而為惻隱、羞惡、辭遜、是非，須從身上體察，常常守得在這裡，始得。」曰：「人之所以為人，只是這四件，須自認取意思是如何。所謂惻隱者，是甚麼意思？且如赤子入井，一井如彼深峻，入者必死，而赤子將入焉！自家見之，此心還是如何？有一事不善，在自家身上做出，這裡定是可羞；在別人做出，這裡定是惡他。利之所不當得，或雖當得，而吾心有所未安，便要謙遜辭避，不敢當之。以至等閑禮數，人之施於己者，或過其分，便要辭將去，遜與別人，定是如此。事事物物上各有箇是，有箇非，是底自家心裡定道是，非底自家心裡定道非。就事物上看，是底定是是，非底定是非。到得所以是之，所以非之，卻只在自家。此四者，人人有之，同得於天者，不待問別人假借。堯舜之所以為堯舜，也只是這四箇。桀紂本來亦有這四箇。如今若認得這四箇分曉，方可以理會別道理。只是孝有多少樣，有如此為孝，如此而為不孝；忠固是忠，有如此為忠，又

有如此而不喚做忠，一一都著斟酌理會過。」[80]
觀朱子語，可知朱子之「斟酌理會」應不是要吾人在具體道德情
境中，實際地去「斟酌理會」。朱子曰：「…所以格物，便是要閒
時理會，不是要臨時理會。」[81]「蓋先學得在這裏，到臨時應事
接物，撞著便有用處。」[82]朱子之「斟酌理會」是於未臨事前（閒
時），先求對當然之理有一種預先之知，先學得在這裏，將來臨事
時，若撞著便會有用處也。朱子曰：「所謂惻隱者是甚麼意思？且
如赤子入井，一井如彼深峻，入者必死，而赤子將入焉，自家見
之，此心還是如何？」此非要吾人把握孺子將入於井之機緣，實
際去理會怵惕惻隱之心，而是藉由一種預想的虛擬情境，體會惻
隱之心該是如何，以求得對惻隱之心的一種預先之知也。

　　象山則將實踐之重心置於先立其大、先明本心，認爲無事時
須要涵養，不可便去理會。象山曰：「既知自立此心，無事時須要
涵養，不可便去理會事。如子路使子羔爲費宰，聖人謂賊夫人之
子。學而優則仕，蓋未可也，初學者能完聚得幾多精神，纔一霍
便散了。某平日如何樣完養，故有許多精神難散。」[83]對於物，
象山是以本心之明爲引導，來隨緣攝取，其中極重要的一個管道
便是「從心之發現處來理會」。朱子對象山這種攝取物之態度極感
不滿：

　　傅問：「而今格物，不知可以就吾心之發見理會得否？」曰：
　　「公依舊是要安排，而今只且就事物上格去。如讀書，便
　　就文字上格；聽人說話，便就說話上格；接物，便就接物

80　《朱子語類》卷十五、冊一、頁 285。
81　《朱子語類》卷十八、冊二、頁 394。
82　《朱子語類》卷十八、冊二、頁 397。
83　《象山全集》卷三十五、頁 18。

上格。精粗大小，都要格它。久後會通，粗底便是精，小底便是大，這便是理之一本處。而今只管要從發見處理會，且如見赤子入井，便有怵惕、惻隱之心，這個便是發了，更如何領會。若須待它自然發了，方理會它，一年都能理會得多少！聖賢不是教人黑淬淬裡守著。而今且大著心胸，大開著門，端身正坐以觀事物之來，便格它。」[84]

朱子認爲在具體之道德情境中，臨事實際地去「斟酌理會」，此是「黑淬淬裡守著」，如此「一年都能理會得多少？」朱子認爲應該在具體道德情境發生前先做好準備，「大著心胸，大開著門，端身正坐，以觀事物之來便格它。」朱子曰：「且要闊著心胸平去看，通透後自能應變。」[85]「須平日多讀書，講明道理，以涵養灌培，使此心常與理相入，久後自熟，方見得力處。…如人要知得輕重，須用稱方得。有拈弄得熟底，只把在手上，便知是若干斤兩，更不用稱。此無他，只是熟。今日也拈弄，明日也拈弄，久久自熟。」[86]對理之知通透後，自然能在未來之道德情境中，將此對理之知轉化爲心之理，於是理便「反來誠得自家意」了。

所以，通過格物工夫所格得之理（不論是實然之狀、實然之理或當然之理），原則上是可以與心關聯在一起來成就我們的道德行爲的。即使格得草木來，亦是可以誠得自家意的。[87]唐君毅先生說：

故如吾人之念吾父，而有孝之心之理之顯後，更念及吾父

---

84 《朱子語類》卷十五、冊一、頁 286。
85 《朱子語類》卷一一七、冊七、頁 2830。
86 《朱子語類》卷一一八、冊七、頁 2849-2850。
87 關於此意，唐君毅先生曾舉例說明：「人多識于草木之名，而更與草木相接，觀其生意，如周濂溪之由窗前草不除，而言其生意『與自家意思一般』，即與人之養其生意生機之德性修養，自然相關也。」請參閱：《中國哲學原論・原教篇》（台北：學生書局，七十三年）頁 275。

之有其父,則吾雖未見吾父之父,而此吾父之有其父,亦
初不過一實然之事,實然之理。然吾人既知此實然之事之
理之後,吾人亦立即可順吾對吾父之孝心,以推及于吾父
之父,而吾之孝心即連于吾父之父;此吾之孝之理,亦即更
伸展,而顯于吾所念之吾父之父之前。…亦即「求諸外之
致知格物窮理之事,可使吾心之性理,更由上而下,由內
而出,以顯于心之前而明諸內」之一顯例。則此當然之理
之知,固可與對實然之事、實然之理之知,相依並展,而
不須更加以截然分別矣。由上所論,吾人即可了解朱子之
所以以格物致知,為一切心性工夫之始,而不如陸王之將
入之聞見知識與聖賢之學,加以分別之理由。此理由即在
人之聞見知識之擴充,原無不可連于人之當然之理之知之
擴充,與當有行為之擴充,因而亦連于心性修養、或聖賢
之學之增進之故。[88]

唐先生指出,即物窮理固然是積累對實然之狀、實然之理與當然
之理等的事前之知,但這些知皆是道德行爲所不可或缺之材質成
素,皆可再經由吾人之實踐努力,使之連於當有行爲之擴充與心
性修養、聖賢之學之增進。

朱子極重視將即物所窮得之理與自家身心關連起來,朱子曰:

且窮實理,令有切己工夫。若只泛窮天下萬物之理,不務
切己,即是遺書所謂「游騎無所歸」矣。[89]

此道理儘說只如此。工夫全在人,人卻聽得頑了,不曾真
箇做。須知此理在己,不在人;得之於心而行之於身,方
有得力,不可只做冊子工夫。如某文字說話,朋友想都曾

88 唐君毅:《中國哲學原論・原教篇》(台北:學生書局,七十三年)頁273-276。
89 《朱子語類》卷十八、冊二、頁400。

見之。想只是看過，所以既看過，依舊只如舊時。只是將
身掛在理義邊頭，不曾真箇與之為一。[90]

即物窮理雖係先求取對實然之狀、實然之理與當然之理等之知，
但之後必繼之以力行，其間有不少次第。朱子曰：「下學上達，自
有次第。於下學中又有次第；致知又有多少次第；力行又有多少
次第。」[91]格物不但重「量」，亦重「質」也。朱子曰：「『博我以
文』，是要四方八面都見得周匝無遺，是之謂表；至於『約我以禮』，
又要逼向身己上來，無一毫之不盡，是之謂裏。」[92]即天下之物
窮其理是「博文」，側重於量之一面；反身切己是「約禮」，側重
於質之一面。格物須「質」、「量」並重也。在朱子學中，格天下
之物所求得之實然之狀、實然之理與當然之理，最後一定得與心
關連在一起，來成就我們的道德行為。唐君毅先生說：

> 此中人之聞見知識，與德性工夫之有關與否，唯以吾人于
> 緣聞見所知之物之實然之理之外，是否更能兼知所以待物
> 之當然之理，並循此理待之，以為定。凡人能循當然之理
> 以待物之處，即皆無不與吾人之德性修養有關也。…試思
> 人若依朱子之言：于此外物之實然之理之知，恆連于對吾
> 人所以待物之當然之理之知；而由對此當然之理之知，又
> 必當繼以力行之事，如朱子所謂繼致知格物之事，而有之
> 誠意正心修身之事；則一切聞見之知，或對物之實然之理之
> 知，豈不皆連于人之所以應物之當然之理之知與行，而皆
> 隸屬于德性修養之事乎？[93]

90 《朱子語類》卷百二十、冊七、頁2906。
91 《朱子語類》卷一一七、冊七、頁2826。
92 《朱子語類》卷十六、冊二、頁325。
93 唐君毅：《中國哲學原論・原教篇》（台北：學生書局，七十三年）頁276。

即物窮理之初，所求得者雖只是一種對理之「知」，但是最後一定得將此「知」與「心」相關連，方為即物窮理之極致。

那麼在將知與心關連時，首應注意何事呢？朱子曰：「學者做切己工夫，要得不差，先須辨義利所在。」[94]有趣的是，朱子學中即物窮得當然之理、實然之狀與實然之理後，而欲關連於當有行為之擴充與心性修養之增進時，首要注意者，正如象山亦是先辨義利之所在。

以知行之角度來言，朱子認為「知、行常相須，如目無足不行，足無目不見。」[95]「致知、力行，用功不可偏。」[96]知、行二者是同等重要、不可偏廢、缺一不可的。唯若論及知行的先後，則朱子顯然是持「知先行後」的看法，朱子曰：「論先後，知為先。」[97]「論先後，當以致知為先。」[98]「須先致知而後涵養。」[99]「為學先要知得分曉。」[100]「萬事皆在窮理後。」[101]

在朱子學中，理雖本在心中，為「已知之理」，但此已知之理是未窮的，因而知也是不盡的。朱子曰：

> 「盡心、知性、知天」，工夫在知性上。盡心只是誠意，知性卻是窮理。心有未盡，便有空闕。如十分只盡得七分，便是空闕了二三分。須是「如惡惡臭，如好好色」，孝便極其孝，仁便極其仁。性即理，理即天。我既知得此理，則所謂盡心者，自是不容己。如此說，卻不重疊。既能盡心、知性，則胸中已是瑩白淨潔，卻只要時時省察，恐有污壞，

---

94 《朱子語類》卷一一三、冊七、頁 2750。
95 《朱子語類》卷九、冊一、頁 148。
96 《朱子語類》卷九、冊一、頁 148。
97 《朱子語類》卷九、冊一、頁 148。
98 《朱子語類》卷九、冊一、頁 148。
99 《朱子語類》卷九、冊一、頁 152。
100 《朱子語類》卷九、冊一、頁 152。
101 《朱子語類》卷九、冊一、頁 152。

故終之以存養之事。[102]

事事物物，各有箇至極之處。鍾鼓然須是極盡其理，方是
可止之地。若得八分，猶有二分未盡，也不是。須是極盡，
方得。[103]

格物者，格，盡也，須是窮盡事物之理。若是窮得三兩分，
便未是格物。須是窮盡得到十分，方是格物。[104]

理有未窮、知有不盡，會使得心之所發不能純於義理。欲使
心之所發純於義理，必先致知；致知之道，又在於「即夫事物之
中，因其所知之理推而究之」也。在這種知行二分的格局中，當
然會有只知不行的可能，朱子認爲知而不行只是「知尚淺」[105]、「知
未至」[106]或「未嘗知」[107]而已。一言以蔽之，不行之知即非真知。
窺朱子之意，真知應是指理窮、知盡後之知也，即物窮理到窮盡、
完足之地步才是真知，真知則必然能行。所以朱子曰：「欲知知之
真不真，意之誠不誠，只看做不做如何。真箇如此做底，便是知
至、意誠。」[108]所以在朱子學中，知行是分作兩件事來看，知是
行的先決條件，行又可反過來作爲知的檢証原則。

第二節　象山言心與物

朱子即物窮理所重者係臨事前之理會，亦即對一道德行爲應

---

102 《朱子語類》卷六十、冊四、頁 1424。
103 《朱子語類》卷十五、冊一、頁 291。
104 《朱子語類》卷十五、冊一、頁 283。
105 《朱子語類》卷九、冊一、頁 148。
106 《朱子語類》卷十五、冊一、頁 298。
107 《朱子語類》卷二十三、冊二、頁 551。
108 《朱子語類》卷十五、冊一、頁 302。

如何做，先求有預先之知也。朱子認爲事前對理不斷地深入求知，臨事時方真有可能實現此理也。因此朱子是「大開著門」、「大著心胸」，積極地去格物。象山對格物則持一種保守審愼之態度（故有所謂尊德性、道問學之別）。象山認爲「爲學有本末先後，其進有序，不容躐等。」物雖需格，但若吾人實踐之重心大部分置於格物，則不免失本末先後之序。比格物更重要的是使本心常保精健，切勿因逐外而惑亂精神、損傷天常。所以，象山經常提醒學者對於格物要徐徐爲之、戒在慌忙。於本上理會，自然有本有末。象山曰：

> 某皆是逐事逐物，考究練磨，積日累月，以至如今。不是自會，亦不是別有一竅子，亦不是等閒理會，一理會便會，但是理會與他人別。某從來勤理會，長兄每四更一點起時，只見某在看書，或檢書，或默坐。常說與子姪以爲勤，他人莫及。今人卻言某懶，不曾去理會，好笑。[109]
>
> 後生有甚事？但遇讀書不曉便問，遇事物理會不得時便問，並與人商量，其他有甚事？[110]

象山亦重格物，因物爲道德行爲之材質成素，在不「惑亂精神」、「損傷天常」之前提下，當然亦要勤理會。但象山理會物有一種「與他人別」之智慧。以讀書爲例，朱子甚重讀書，語類云：「先生患氣痛、腳弱、泄瀉，或勸晚起。曰：『某自是不能晚起，雖甚病，纔見光，亦便要起，尋思文字。』」[111]「先生每得未見書，必窮日夜讀之。嘗云：『向時得徽宗實錄，連夜看，看得眼睛都疼。』」一日，得韓南潤集，一夜與文蔚同看，倦時令文蔚讀聽，至五更

---

109 《象山全集》卷三十五、語錄下、頁 24。
110 《象山全集》卷三十五、語錄下、頁 19。
111 《朱子語類》卷百四、冊七、頁 2623。

盡卷。」[112]朱子自謂年輕時曾「要無所不學，禪、道、文章、楚辭、詩、兵法，事事要學，出入時無數文字，事事有兩冊。」[113]朱子又論讀書之方曰：「讀書者當將此身葬在此書中，行住坐臥，念念在此，誓以必曉徹爲期。看外面有甚事，我也不管，只恁一心在書上，方謂之善讀書。」[114]難怪陽明會說朱子：「早年合下便要繼往開來，故一向只就考察著述上用功。」[115]「緊切詳密」[116]可謂是朱子對讀書所持之態度。象山則迥然不同：

> 〈告子〉一篇，自「牛山之木嘗美矣」以下，可常讀之。其浸灌培植之益，當日深日固也。其卷首與告子論性處，卻不必深考，恐其力量未到，則反惑亂精神，後日不患不通解也。此最是讀書良法。[117]
>
> 先生云：「學者讀書，先於易曉處，沉涵熟復，切己致思，則他難曉者，渙然冰釋矣。若先看難曉處，終不能達。」
>
> 舉一學者詩云：「讀書切戒在慌忙，涵詠工夫興味長，未曉莫妨權放過，切身須要急思量；自家主宰常精健，逐外精神徒損傷，寄語同遊二三子，莫將言語壞天常。」[118]
>
> 今之學者，只用心於枝葉，不求實處。…今之學者，讀書只是解字，更不求血脈。[119]
>
> 學者不可用心太緊，深山有寶，無心於寶者得之。[120]

112　《朱子語類》卷百四、冊七、頁 2624。
113　《朱子語類》卷百四、冊七、頁 2620。
114　《朱子語類》卷一一六、冊七、頁 2805。
115　《王陽明全書》冊一、頁 24。
116　《朱子語類》卷一一八、冊七、頁 2855。
117　《象山全集》卷七、與紹中孚書、頁 3。
118　《象山全集》卷三十四、語錄上、頁 10。
119　《象山全集》卷三十五、語錄下、頁 10
120　《象山全集》卷三十四、語錄上、頁 12。

象山之所以反對朱子之讀書法，主要就是因爲它會惑亂精神、損傷天常，使人陷於知性之執中而不自知，終至障蔽本心之發用流行。象山認爲吾人在實踐時，最重要的是常保本心之明，使之不受遮蔽。格物時本心須陷於執，方能轉出知性，以窮究物之曲折。若常陷於此知性之執中，對本心卻會造成一種遮蔽[121]。因而對於物之攝取，須以本心之明爲頭腦，適可爲止。否則，盲目地即天下之物而窮其理，終會障蔽本心，舍本逐末，因小失大，甚可惜也。

第三節　心與物之異同

我們可分下列三種情形，來討論象山與朱子對知識所持之態度：

一、在一道德情境中，已具備該道德情境所需之某必要知識。

二、在一道德情境中，未具備該道德情境所需之某必要知識，且已具備之舊知識無法經由本心之重新安排、創造，當下形成或取代該必要知識。

三、在一道德情境中，雖未具備該道德情境所需之某必要知識，但已具備之舊知識可經由本心之重新安排、創造，當下形成或取代該必要知識。

在第一種情形中，本心當會運用已具備之知識來成就一道德行爲，此點象山、朱子當無異議。在第二種情形中，則應在發現

---

121 牟宗三先生說先儒「急欲以良知通見聞而爲一也」，先儒之所以如此的目的，就是要使本心之明不受遮蔽也。請參閱：《現象與物自身》（台北：學生書局，七十三年八月四版）頁448。

之後，盡可能努力去攝取此必要知識，捨此之外亦無他法—此點
象山、朱子亦應無異議。故此二點並無討論之必要，可姑且略之。
第三種情形，此是本心之生物大用，筆者認爲象山應承認本心有
此生物大用，朱子則否認之。

　　牟宗三先生說：「朱子真正工夫著力處實在格物窮理，全部事
業、勁力全在格物窮理處展開。」[122]朱子之所以會強調格物，就
是因爲他不承認本心有此生物大用。在朱子學中，如不於事前對
各種可能之理，先有一種預先之知，則臨事時必不可能憑空顯理。
朱子曰：「聖賢教人，無非下學工夫。…聖賢立言垂教，無非著實。」
[123]「聖賢教人，多說下學事，少說上達事。」[124]「今只先去理會
那一，不去理會那貫，將尾作頭，將頭作尾，沒理會了。」[125]朱
子以象山學爲異端、曲學之最大原因，便在象山捨即物窮理而言
其他。朱子曰：

> 一便如一條索，那貫底物事，便如許多散錢。須是積累得
> 這許多散錢了，卻將那一條索來一串穿，這便是一貫。若
> 陸氏之學，只是要尋這一條索，卻不知道都無可得穿。且
> 其爲說，喫緊是不肯教人讀書，只恁地摸索悟處。譬如前
> 面有一個關，纔跳得過這一個關，便是了。此煞壞學者。
> 某老矣！日月無多。方待不說破來，又恐後人錯以某之學
> 亦與他相似。今不奈何，苦口說破。某道他斷然是異端！
> 斷然是曲學！斷然非聖人之道！但學者稍肯低心向平實處

122 牟宗三：《從陸象山到劉蕺山》（台北：學生書局，七十三年十一月再版）
　　頁129。
123 《朱子語類》卷一一七、冊七、頁2820。
124 《朱子語類》卷一一七、冊七、頁2821。
125 《朱子語類》卷一一七、冊七、頁2828。

下工夫，那病痛亦不難見。[126]

朱子以象山學爲異端、曲學最主要的原因，就是因爲象山不肯低心向平實處下工夫，此平實處指的便是即物窮理。

　　在象山方面，因承認本心有生物大用──在一道德情境中，雖未具備該道德情境所需之某必要知識，但已具備之舊知識可經由本心之重新安排、創造，當下形成或取代該必要知識。所以若能先立其大，則在大多數的道德情境中，本心應皆可稱理而行。當然亦會有不論本心對舊知識如何創造、安排，亦無法形成某必要知識之情形（前舉第二種情形），於此當然不免有憾。唯當吾人發覺此憾之後，只要經由本心之坎陷努力去求取此必要之知識，則道德行爲仍有成就之可能。即使因事過境遷，道德行爲已無法成就，本心也已經由此次機緣習得一新知識，之後若再遇需要此知識之道德情境，類似遺憾當可避免也。

　　所以，若承認本心在不同的道德情境中，恆有能運轉知識，創發性地表現爲應機之理的生物大用，事前之不知就不意謂臨事時必不能行，實踐之重心便應置於常保本心之明上。若能常保之，臨事時本心自然能發揮生物大用來運轉知識。換言之，若能先立其大，知識便不是大問題。

　　反之，若不承認本心之生物大用，事前之不知就意謂著臨事時必不能行。所以，對於知識必然會以大著心胸，大開著門的態度去格它。朱子曰：「天下萬事都是合做底，而今也不能殺定合做甚底事。聖賢教人，也不曾殺定教人如何做。只自家日用間，看甚事來便做工夫。今日一樣事來，明日又一樣事來，預定不得。若指定是事親，而又有事長；指定是事長，而又有事君。只日用

---

126 《朱子語類》卷二十七、冊二、頁684。

間看有甚事來，便做工夫。」[127]因吾人不能預知往後將發生何種道德情境，需預先格何物、知何理，所以各種物、各種理皆需即、皆需窮。唐君毅先生說：

> 在陸王，蓋即由有見于此德性工夫與對物之聞見之知，不必然相連；以及人所格之物範圍，若無定限，則人即可無定限的追逐聞見之知，而失其德性工夫，而亡聖賢之學；而陸王乃謂由聞見而有之知能多或少，無礙于人之為聖賢；愚夫愚婦若無知能者，亦可同學聖賢；學者亦當認取其與愚夫愚婦與聖賢之真同處，而不必求多知多能。[128]

朱子學格物之範圍極廣，若無定限，費時亦需極多。採如此之實踐進路，最終每每演變成無定限追逐物的支離局面。

在象山學中，本心由明覺感應之無執轉變為知性之執[129]，是自覺的，且只是短暫之不得已（因需要知識故不得已自陷於執）。本心不會永停留在執之狀態，一但物為本心所知，本心即刻會自此執中湧出，會物歸己，由知性之執再轉為明覺感應之無執。

朱子學中則因採即天下之物而窮其理的實踐進路，本心必須常陷於知性之執中。久而久之，此知性之執會形成一種習氣。欲從此常執之習氣中，驟然跳脫，轉變為無執，並非易事。象山曰：「此道與溺於利欲之人言猶易，與溺於意見之人言卻難。」[130]又曰：「楊子默而好深沈之思，他平日為此深沈之思所誤。」[131]陷於知性之執中者，遇本心應發用之機緣，每每仍安於所執，而無法

---

127 《朱子語類》卷一一七、冊七、頁 2816-2817。
128 唐君毅：《中國哲學原論・原教篇》（台北：學生書局，七十三年）頁 277。
129 在求知時，本心必須對其自我明覺之狀態予以抑制、加以否定，由明覺顯、知性隱之無執轉變成明覺隱、知性顯之執，此執對本心自身卻會造成一種暫時的遮蔽。
130 《象山全集》卷三十四、語錄上、頁 4。

成就道德行爲。象山就曾批評朱子曰:「『揣量模寫之工,依放假借之似,其條畫足以自信,其節目足以自安。』此言切中晦翁膏肓。」[132]

　　此外,格物所求得之對理之知,是否真能應用於日後,則仍是一問題。因每一心之理皆是一種應機之「妙理」,乃本心流行於日用,因應周遭環境、氛圍,所創發性地表現而成者。格物所求得者,卻只是一種定理,定理尚須轉成妙理也。牟宗三先生曰:

> 豈是只准蜷伏於六經典籍之文字義理之間,逐旋磨將去,方可爲儒者、爲聖人之道乎?若如此滯礙封限,正是聖人之道之死板化,適應於初學下乘,未始不可,豈得專以此爲「定本」乎?[133]

即物所窮得之定理,固難因應不同之道德情境而有其當機之表現。若執此定理而不化,正是聖人之道之死板化。

　　綜上所論,可知本心有無生物大用,實是朱、陸在心與物異同上之關鍵點。在道德實踐時,固然有因欠缺知識致使道德行爲無法成就之情形,但更多之情形恐怕是「已具備之知識可經由心之重新安排,以形成目前需要之知識,但心臨此道德情境時卻不知創造之。」本心究竟有無此生物之大用?此問題筆者將留待第五章再詳加討論。

---

131 《象山全集》卷三十四、語錄上、頁 8。

132 《象山全集》卷三十四、語錄上、頁 19。

133 牟宗三:《從陸象山到劉蕺山》(台北:台灣學生書局,七十三年十一月再版)頁 188-189。

第四章　實踐工夫

　　唐君毅先生曾由工夫論著眼，認爲只言朱陸異同在心與理之一與不一，並未至眞問題所在[1]。唐君毅先生此類論點散見於《中國哲學原論・原教篇》與《中國哲學原論・原性篇》，如：「朱陸異同之原，應首在工夫論上去看。」[2]「朱陸之異，不宜只如世之由其一主尊德性、一主道問學，一主心與理爲一、一主心與理爲二去說，而當自其所以言尊德性之工夫上說。」[3]「朱陸異同之第一義在二賢之工夫論。」[4]唐先生認爲朱子其實與象山同，亦言心與理一，只是因朱子見人之氣稟物欲之雜足使心與理不一，故不強調此與理爲一之心，而主張人「既有氣稟物欲之雜，則當有一套內外夾持以去雜成純之工夫，若直下言自覺自察識其心之本體，則所用之工夫，將不免與氣質之昏蔽，夾雜俱流。」[5]既然朱子與象山同，亦言心與理一，只是二人去雜成純之實踐主張有所不同，故朱陸異同應首在工夫論上去看。

　　其實朱、陸實踐工夫之差異，仍係源於二人對此「與理爲一之心」的體悟不同。在朱子學中，「與理爲一之心」不具踐德大能

1　唐君毅：《中國哲學原論・原教篇》（台北：學生書局，七十三年）頁 204。
2　唐君毅：《中國哲學原論・原教篇》（台北：學生書局，七十三年）頁 203。
3　唐君毅：《中國哲學原論・原教篇》（台北：學生書局，七十三年）頁 202。
4　唐君毅：《中國哲學原論・原性篇》（台北：學生書局，七十三年二月全集校訂版）頁 535。
5　唐君毅：《中國哲學原論・原性篇》（台北：學生書局，七十三年二月全集校訂版）頁 534-535。

與生物大用，故「先明本心」、「先立其大」在朱子學中遂成爲無意義之空談，是以朱子不將工夫論之重心放在此「與理爲一之心」處，而去主張「即物窮理」、「涵養用敬」等。在象山，則因見得此「與理爲一之心」本具踐德大能與生物大用，故常言「心即理」。誠如朱子所言，此「與理爲一之心」在發時固可爲氣稟物欲所雜，唯在象山看來，欲去氣稟物欲之雜，主要仍需借助此「即理之心」本身本具之踐德大能與生物大用也。朱陸實踐工夫之差異，既然仍係源於二人對「與理爲一之心」的體悟不同。言朱陸異同之原在心與理之一與不一，亦未嘗不可。

以下分別言朱子與象山之工夫論。

第一節　朱子之實踐工夫

朱子並不承認本心本具踐德大能與生物大用，故其工夫論之重心不置於「本有」之層面。朱子希望借助「即物窮理」、「涵養用敬」等工夫，慢慢累積踐德動力與知識，來克除氣稟物欲之私。

一、涵養須用敬[6]

朱子認爲涵養主敬，可使心常保虛靈不昧，如此於察識時方能不謬。若不先主敬涵養，而只是隨事察識，則察識必不精，流

---

6 唐君毅先生說：「朱子與象山之工夫論雖不同，其立義正有其互相對應之處；總結而說，咸有兩端。朱子之兩端爲『主敬以存養此心之虛靈明覺』，與『即物窮理以致知』之兩端。……象山之兩端，則爲『知心之即理，而自覺自信』，與『立志開拓其心量而至無蔽』。」本章言朱陸之工夫論即以唐先生上述之言爲主要線索。請參閱：《中國哲學原論‧原教篇》（台北：學生書局，七十三年）頁286。

弊亦無窮矣。在朱子學中，涵養主敬可說是察識之預備工夫，所以朱子曰：「蓋發處固當察識，但人自有未發時，此處便只合存，豈可待發而後察，察而後存耶？」「初不曾存養，便欲隨事察識，竊恐浩浩茫茫，無下手處，而毫厘之差，千里之謬，將有不可勝言者。」

依唐君毅先生之見，朱子之涵養主敬是以敬涵養心之未發之體：

> 然在另一方面，則在朱子之言敬，尚不只是一所用之「法」
> 或「工夫」，在心之發上用者；而是以敬涵養心之未發之體。
> 朱子言「敬為心之貞」（與張欽夫）又言「未發，渾然是敬
> 之體」，「敬字只是自心自省當體」。（大全五十三）以此言
> 敬之工夫，即此工夫只是心之自體之貞定于自己，或「見
> 此未發時之渾然的敬之體」之別名；而敬之一工夫，只在使
> 此心體常存，而除此心體常存之外，亦可說別無敬之工
> 夫。……是見朱子所謂敬之第一義，只是此心體之常存，
> 亦即心之自貞定于其身，以見此心之體之未發渾然是敬之
> 體而已。[7]

唐先生認為，朱子言敬之第一義，是指心體之常存，亦即心之自貞定於其自身。故朱子曰：「惺惺，乃心不昏昧之謂，只此便是敬。今人說敬，卻只以『整齊嚴肅』言之，此固是敬。然心若昏昧，燭理不明，雖強把捉，豈得為敬！」[8]

前已言之，朱子立說有「不離」與「不雜」之別，朱子學應以「不離」之實說為主而論之。就實而論，需以敬貞定之心，自

---

7 唐君毅：《中國哲學原論・原性篇》（台北：學生書局，七十三年二月全集校
　訂版）頁 626。
8 《朱子語類》卷十七、冊二、頁 373。

然應是氣心。不帶氣言之心，亦即心之體，在朱子學中須通過實
踐方能復之。因而在未有實踐之前，「敬為心之貞」、「未發渾然是
敬之體」、「敬字只是自心自省當體」諸語，應只是虛說而已。須
以敬貞定的氣心，以「能覺」為其本質，所覺的對象即形而上之
理也。心雖有覺理之能，但因受氣之影響，不必即能覺理，因而
「心有善惡」。[9]要使氣心覺理之功能充分發揮，以去惡從善，涵
養主敬便不可少。

　　至於主敬之方，初不外是「主一無適」、「常惺惺」、「其心收
斂不容一物」[10]，「整齊嚴肅、嚴威儼恪、動容貌、整思慮、正衣
冠、尊瞻視」[11]以至灑掃應對進退等小學之功，來涵養此心。唐
君毅先生說：「朱子言敬之工夫，則一方本伊川之言，而謂主一無
適之謂敬，並本伊川使身心整齊嚴肅之旨，而重在動容貌、整思
慮、尊瞻視、正衣冠等日用尋常之小學工夫，以收攝涵養此心，
使此心存而自能惺惺。此亦原于伊川、上蔡之旨。」[12]敬之工夫
是透過動容貌等工夫，以收攝整肅此心。朱子曰：「未有外面整齊
嚴肅，而內不惺惺者。如人一時間外面整齊嚴肅，便一時惺惺；
一時放寬了，便昏怠也。」[13]唐先生指出，主敬涵養是一種「先
自覺的，亦為超自覺的工夫。此乃傳統儒者所謂禮樂之教之精義
所存。」[14]此種主敬涵養工夫易為一般學者所忽，但其中確有一
極篤實精切而莊嚴之旨在。唐先生說：

9　《朱子語類》卷五、冊一、頁89。
10　《朱子語類》卷十七、冊二、頁371。
11　《朱子語類》卷十二、冊一、頁211。
12　唐君毅：《中國哲學原論・原性篇》（台北：學生書局，七十三年二月全集校
　　訂版）頁625-626。
13　《朱子語類》卷十七、冊二、頁372。
14　唐君毅：《中國哲學原論・原性篇》（台北：學生書局，七十三年二月全集校
　　訂版）頁583-584。

世之學者于思辨察識上用工夫者，其最難之事，即是由其
自覺反省的工夫中，再翻出，以肯定此一先自覺或超自覺
的工夫，為自覺的工夫之本。此一工夫之所以當為本，正
在吾人之先自覺的自然生命中，原有一依于氣質物欲而生
之墮性。人之心靈之清明，首賴于此心之有主乎此身之一
面，以種種規矩約束此身一面，方能使此心惺惺了了。此
種種規矩，有其機械的形式性，然其意義，則純是消極約
為對治氣質物欲之機械的形式而有，其目標只在呈現心靈
之清明，使渾然之天理，得粲然干中，則非可苛責。朱子
重此先自覺超自覺的工夫，為一切自覺的格物、致知、窮
理、正心、誠意工夫之本，乃意在：面對人之氣稟物欲之
雜，而求有以磨鍊銷化之之道，而由下學以期上達。此中
不能不謂有一極篤實精切而莊嚴之旨在。[15]

象山亦言「規矩嚴整，為助不少。」[16]小學主敬工夫之所以有其
必要性，主要原因在於人之自然生命，有一依於氣質物欲而生之
墮性。若有種種規矩加以約束，人之心靈才不易為此依於氣質物
欲而生之墮性所限，方能使此心惺惺了了。

　　唐君毅先生認為朱子工夫論中，主敬涵養、即物窮理與隨事
察識，皆有其重要性，皆不可廢。但若論及工夫之次第，主敬涵
養應是第一義，即物窮理則是第二義，至於隨事察識則應為第三
義也。唐君毅先生說：

　　此涵養主敬，在朱子又初為致知之本，應屬第一義，致知
　　以窮理屬第二義，而其前諸儒所謂察識之功，在朱子，乃

───────────

15 唐君毅：《中國哲學原論・原性篇》（台北：學生書局，七十三年二月全集校
　　訂版）頁 584。
16 《象山全集》卷三十五、語錄下、頁 34。

應位居第三矣。[17]

朱子之工夫論,當其反對五峰、南軒之以察識爲本之說時,
乃以涵養主敬之小學工夫是第一義,上已詳言之,此即如
伊川之言:「入道莫若敬,敬以直內。」至于大學之格物致
知以窮理,應是緣敬而來之第二義之工夫。上文亦提及,
此正如伊川言:「未有能致知而不在敬者」。至于就臨事時
意念之發,從事省察或察識,以是是非非,而免于自欺,
得自誠其意,自正其心,以應事物,則應是第三義工夫,
此如二程之言:「義以方外」。[18]

前已言之,在朱子學中,對於形而上之至善者—性(心之體或理),
是以「溯其情而逆知之」的方法來加以掌握的。朱子認爲「可言」、
「可說」、「可見」的是情,(本然之)性是「不可言」、「無形影」、
「不可說」的,亦即我們只能由已發之情逆推回去,猶如「見水
流之清,則知源頭必清」一般,「因今日有這情,便見得本來有這
性」。對於本然之性我們既然無法當下識取,自然不能直接以之爲
踐德之根據,所以朱子當然不會取直接「察識」本心之一路。在
朱子學中「心之體」(性)雖爲形而上之至善者,但心之體(性)
並非一當下真實之呈現,朱子雖曰:「心之全體湛然虛明,萬理具
足,無一毫私欲之間;其流行該遍,貫乎動靜,而妙用又無不在
焉。」[19]不過此等話語是有預設的,即它們必須以實踐工夫爲前
提,所以朱子曰:「萬理雖具於吾心,還使教他知,始得。」[20]又

---

17 唐君毅:《中國哲學原論・原性篇》(台北:學生書局,七十三年二月全集校
訂版)頁 553。
18 唐君毅:《中國哲學原論・原性篇》(台北:台灣學生書局,七十三年二月全
集校訂版)頁 585。
19 《朱子語類》卷五、冊一、頁 5。
20 《朱子語類》卷六十、冊四、頁 1425。

「李孝述曰：『物未格，便覺此一物之理，…似爲心外之理，…及既格之，便覺彼物之理爲吾心素有之物。』朱子批曰極是。」[21]在未有實踐工夫之前，心性不是一，此心未能純化爲性（心之體），此性（心之體）本身亦欠缺踐德之動力。朱子所言之性（心之體）是只存有不活動的。本然之性我們既無法當下識取，其本身又只存有不活動而欠缺踐德之動力，欲直接以之作爲主敬涵養之根據，則無異於緣木求魚。所以，在朱子學中，涵養主敬是通過動容貌等日用尋常工夫，收攝整肅易爲氣稟物欲所雜之氣心而已。牟宗三先生說：「朱子真正工夫著力處實在格物窮理，全部事業、勁力全在格物窮理處展開。」[22]主敬涵養之重要性在朱子學中應遠不如即物窮理也。故唐先生以主敬涵養爲朱子學之第一義工夫顯有不妥。在朱子學中，應以即物窮理爲第一義，主敬涵養爲第二義，隨事省察則只能居末也。

二、進學在致知

朱子曰「敬字是徹頭徹尾工夫。」[23]「敬者，徹上徹下工夫。」[24]「無事時固是敬，有事時敬便在事上。」[25]「敬便是箇關聚底道理，非專是閉目靜坐，耳無聞，目不見，不接事物，然後爲敬。整齊收斂，這身心不敢放縱，便是敬。嘗謂『敬』字似甚字？恰似箇『畏』字相似」[26]在朱子學中，敬貫動靜，涵養固須用敬，進學亦須用敬。涵養主敬，是致此心之清明，使足見理之工夫；

21　《朱子大全》續集、卷十、冊十二、頁 12-13。
22　牟宗三：《從陸象山到劉蕺山》（台北：學生書局，七十三年十一月再版）頁 129。
23　《朱子語類》卷十七、冊二、頁 371。
24　《朱子語類》卷十八、冊二、頁 403。
25　《朱子語類》卷一一八、冊七、頁 2858。
26　《朱子語類》卷一一八、冊七、頁 2891。

即物窮理，則是直接求未知之理之工夫。

　　朱子雖有理係在內而非在外之種種說法，如：「所覺者，心之理也。」[27]「理不是在面前別爲一物，即在吾心。人須是體察得此物誠實在我，方可。」[28]「心與理一，不是理在前面爲一物，理便在心之中。」[29]不過，在前文中筆者已指出，上述種種說法是不雜而言之虛說，此是爲了要得分明之故，朱子學則應以實說爲主而論之。由虛轉實，須賴實踐工夫。牟宗三先生說朱子之心與理一，「只是關聯地爲一，貫通地爲一，其背景是心與理爲二，而不是分析地爲一，創發地心即理之爲一」。[30]就實而論，未格物前，理是處於未窮、未盡之狀態，未窮盡之理尙不能與心合，故兩者仍是爲二而非爲一也。

　　朱子曾比喩道：「以前看得心只是虛蕩蕩地，而今看得來，湛然虛明，萬理便在裏面。向前看得便似一張白紙，今看得，便見紙上都是字。廖子晦們便只見得是一張紙。」[31]心如紙，理如字，心具理便如紙上都是字也。故朱子亦言心之「量」曰：「人有是心，莫非全體。然不窮理，則有所蔽，而無以盡乎此心之量。故能極其心之全體而無不盡者，必其能窮夫理而無不知者也。」[32]在朱子學中，眾理是以並列之方式存之於心，理之總合即構成了此心之量。朱子曾舉例曰：「一便如一條索，那貫底物事，便如許多散錢。須是積累得這許多散錢了，卻將那一條索來一串穿。這便是

27　《朱子語類》卷五、冊一、頁 85。
28　《朱子語類》卷九、冊一、頁 155。
29　《朱子語類》卷五、冊一、頁 85。
30　牟宗三：《從陸象山到劉蕺山》（台北：學生書局，七十三年十一月再版）頁 120。
31　《朱子語類》卷一一三、冊七、頁 2743。
32　《四書章句集註》（台北：鵝湖出版社，七十三年）頁 349。

一貫。」[33]朱子學便在通過即物窮理之工夫，今日即一些物、窮一些理，明日再即一些物、窮一些理，以求有朝一日心對於眾理、萬理之豁然貫通也。在朱子學中，心具理實爲「攝具」而非「本具」也。

牟宗三先生指出朱子學是一種「泛認知主義」，格物是一種「心知之明」與「在物之理」間之攝取關係[34]。朱子把一切平置而爲「心知之明」之所對，不管內在、外在、有形、無形——一切皆爲「在物之理」，而爲格物工夫之對象。

格物工夫在一開始，所欲窮者係對心之理的一種預先之「知」也。

> 傅問：「而今格物，不知可以就吾心之發見理會得否？」曰：「公依舊是要安排，而今只且就事物上格去。如讀書，便就文字上格；聽人說話，便就說話上格；接物，便就接物上格。精粗大小，都要格它。久後會通，粗底便是精，小底便是大，這便是理之一本處。而今只管要從發見處理會，且如見赤子入井，便有怵惕、惻隱之心，這個便是發了，更如何領會。若須待它自然發了，方理會它，一年都能理會得多少！聖賢不是教人黑淬淬裡守著。而今且大著心胸，大開著門，端身正坐以觀事物之來，便格它。」[35]
> 今但見得些子，便更不肯去窮究那許多道理，陷溺其心於清虛曠蕩之地，卻都不知，豈可如此。[36]
> 凡人為學須窮理，窮理以讀書為本。孔子曰：「好古敏以求

---

33 《朱子語類》卷二十七、冊二、頁684。
34 牟宗三：《心體與性體》第三冊（台北：正中書局，七十年十月台五版）頁359。
35 《朱子語類》卷十五、冊一、頁286。
36 《朱子語類》卷一一九、冊七、頁2870。

之。」若不窮理，便只守此，安得有進底工夫？[37]
若只是在具體之道德情境中，就心之發現處理會，朱子認爲此是
「黑淬淬裡守著」、「陷溺其心於清虛曠蕩之地」，如此「一年都能
理會得多少？」「安得有進底工夫？」朱子認爲應該在具體道德
情境發生前先做好準備，「大著心胸，大開著門，端身正坐，以
觀事物之來便格它。」所以，格物工夫在一開始，所重者是通過
即物而預先對各種可能之「理」，有一種不斷地深入求「知」之工
夫。如此於臨事時，方能有助於理之實際彰顯。久而久之，所窮
得之對理之知自然有轉化爲心之理的一日。

　　所以，理雖本在心中，爲「已知之理」，但此已知之理是未窮
的，因而知也是不盡的。理有未窮、知有不盡，會使得心之所發
不能純於義理。欲使心之所發純於義理，必先致知；致知之道，
又在於「即夫事物之中，因其所知之理推而究之」也。

第二節　象山之實踐工夫

一、心即理的自覺自信

　　朱子學可說是一種漸教，象山學則爲一頓教。[38]象山認爲本
心已蘊涵充足之踐德動力，故主張「先立其大」，以確保本心踐德
大能不被遮蔽。唐君毅先生說：

37　《朱子語類》卷一一九、冊七、頁 2878。
38　唐君毅先生說：「依象山之教，則人自發明其本心，此道此理即俱時而見，
　　則爲一頓教。」請參閱：《中國哲學原論・原性篇》（台北：學生書局，七十
　　三年二月全集校訂版）頁 422。

> 陸王乃特重言道或理之出于心，然亦謂此理即心之性。其
> 言心即理，猶言心即性也。陸王之所以必重說此心即理　，
> 則以人果知得：此道德的理之即在此心之發用中，即同時可
> 知得：人之所以化除其不合理之心情意念行為之「能」，亦
> 在此心中。更可由此以知得：此心自亦有「能化除此一切
> 不合理者」之理之性。[39]

在象山學中，肯認此心此理涵蘊充足之踐德動力，足以化除不合理之心情、意念、行為等，所謂「知行合一」也。

此外，象山認為本心若能不受遮蔽，亦可發揮生物大用，來創造道德情境中所需之應機性知識，所以象山主張「先明本心」。

在象山學中，只要先立其大、先明本心，確保本心踐德大能與生物大用不被遮蔽，其餘便不成大問題也。

本心之踐德大能與生物大用，係先天本具而非後天習來的。象山曰：「道在宇宙間，何常（嘗）有病，但人自有病。千古聖賢，只去人病，又如何增損得道？」[40]唐君毅先生亦說：「然在象山……此心既一操便在，則不操亦不能謂為不存；而所謂舍亡者，乃隱而不見之稱，如逃亡者之仍在。」[41]唐先生指出，此心雖不操，亦不能謂為不存，此心雖舍亡，唯仍係一種隱默之存在。唐先生又說：「吾人之此心，原即本心，原為一與理全合之本心。其有不合理，唯由病與障蔽，尚未剝落而已。即吾人現有之心，所以有異于本心，乃在外有所加。而工夫遂唯在減此外加，而復此本心之明。」[42]吾人現有之心之所以異於本心，乃在外有所加。既然如

---

39 唐君毅：《中國哲學原論·原教篇》（台北：學生書局，七十三年）頁 217-218。
40 《象山全集》卷三十四、語錄上、頁 1。
41 唐君毅：《中國哲學原論·原性篇》（台北：學生書局，七十三年二月全集校訂版）頁 619。
42 唐君毅：《中國哲學原論·原性篇》（台北：學生書局，七十三年二月全集校訂版）頁 616-617。

此，工夫遂唯在減此外加，以復本心而已，此所謂「學問之道無他，求其放心而已。」。唐先生說：

> 依此象山義，人能自明其本心，則心在是，性理亦在是。性理既形于心，心爲已發，性理亦隨心之發而俱發；便不得以「心爲已發，性爲未發；心爲感而遂通，性理仍只爲寂然不動」；而應視此心理二者，乃俱動而俱發者矣。故象山謂滿心而發，無非此理也。依照象山義，即在此人之本心之自明，尚未能自充其量，以全體呈現時，其尚未充量呈現之本心之明，仍是能發，而此心之性理，亦是一能發，而不可只稱爲未發，更不可說其爲永無所謂發，亦不可只以沖漠無朕，寂然不動說之者也。[43]

本心在爲氣稟物欲之私所蔽而未能全體呈現時，仍是一種能發，而不可只說爲未發。既然在象山學中，承認本心本有之踐德大能與生物大用，見得心、理二者，乃俱動俱發者，象山當然會以先立其大、先明本心爲其本質工夫。

象山曰：「汝耳自聰，目自明，事父自能孝，事兄自能弟，本無欠闕，不必他求，在自立而已。」[44]「苟此心之存，則此理自明。當惻隱處自惻隱，當羞惡，當辭遜，是非在前自能辨之。」「當惻隱處自惻隱，當羞惡、當辭遜，是非在前自能辨之。當寬裕溫柔自寬裕溫柔，當發強剛毅自發強剛毅，所謂溥博淵泉而時出之。」[45]象山欲學者對此與理俱動俱發之本心先有一自信。人在求化除一切此不合理者之時，固當先自信能化除之也。唐君毅

---

43 唐君毅：《中國哲學原論·原性篇》（台北：學生書局，七十三年二月全集校訂版）頁 544。

44 《象山全集》卷三十四、語錄上、頁 4。

45 《象山全集》卷三十四、語錄上、頁 11。

先生說：

> 知心之即理，而自覺自信人若能信此心與天理或道，恆合
> 為一本心或原有之道心為根；則其雖尚未全復，人亦可自信
> 其有，而為能全復者。人一自信此本心之有而能全復，亦
> 即此本心之自覺其有與能全復于此一自信之中。此一自信
> 之本身，又即所以助成其全復者。此中有此一自信，則工
> 夫皆根于本心，非憑空而起；而人之工夫之所成，即皆此
> 本心之自復、自現、而自流行之所成。此自信之工夫，皆
> 有根于本心，則此「自信」，亦助成此工夫，而工夫乃易于
> 得力。工夫之所成者，皆此本心之自復、自現、自流行，
> 外此不更有所增；則人亦不能謂于本心之自復之外，別有
> 工夫。[46]

人由自覺理之在心，而對本心之踐德大能與生物大用直下先有一
「自信」，此一「自信」將可使吾人往後之實踐工夫更易於得力。

二、先立志來開拓心量

　　唐君毅先生說：「在象山，則與其正面自覺此心即理，而自覺
自信之工夫相輔者，則爲吾人前所言之立志求其心量之開拓，以
超拔于一切心之私欲意見之外，及自疑自克，以『去障蔽』或『去
病』之工夫。」[47]象山除教人當下自覺本心之發用即理，並對之
有一深信之外，亦欲人立志開拓心量以去障蔽也。象山曰：「仰首
攀南斗，翻身倚北辰，舉頭天外望，無我這般人。」[48]「廓然、

---

46 唐君毅：《中國哲學原論・原性篇》（台北：學生書局，七十三年二月全集校
　　訂版）頁620。
47 唐君毅：《中國哲學原論・原教篇》（台北：學生書局，七十三年）頁285。
48 《象山全集》卷三十五、語錄下、頁21。

昭然、坦然，廣居、正位、大道、安宅、正路，是甚次第！」[49]「大
世界不享，卻要占箇小蹊、小徑子，大人不做，卻要為小兒態，
可惜！」[50]「幡然而改，奮然而興，如出陷阱，如決網羅，如出
荊棘，而舞蹈乎康莊，翱翔乎青冥，豈不快哉！豈不偉哉！尚誰
得而禦之哉！」[51]「蕩其私曲，則天自大、地自廣、日月自昭明。
人之生也本直，豈不快哉！豈不樂哉！」[52]立志開拓心量乃一「打
開蔽障，或自其中直下超拔而出之，以自升起其心」之工夫。唐
君毅先生說：

> 象山所言由人之自其蔽障中超拔而出之工夫，則初只是自
> 開拓其心量之一嚮往、一志氣、或心志。此心志，初可無
> 一定之心之理為內容，而只以此「超拔于蔽障外之一心量」
> 之呈現，為其內容。…故此一超拔之工夫，乃一強度的越
> 過障蔽之工夫。越不過，即再落入網羅。故象山謂此是一
> 「刀鋸鼎鑊的學問。」卷三十五[53]

尚未能在內心上自用工夫、自做實踐，其心知唯散落於意見、物
欲中者，欲其奮發向上，唯賴象山此種「開拓心量」之教，「對人
之心知之已散落于外者，先與以摧抑攅挫，以對此散落于外之心
知，與以一打擊，使之生一激蕩；而自其所散落者中，奮然而興，
憬然而起，以還自識其心知與其中之性理，然後可說自用工夫之
事。」[54]此種「開拓心量」之工夫正為象山之教的特色所在。心
知之已散落於外者，未有象山此種「先立志來開拓心量」之教，

49　《象山全集》卷三十五、語錄下、頁14。
50　《象山全集》卷三十五、語錄下、頁14。
51　《象山全集》卷十二、與倪九成書、頁9。
52　《象山全集》卷十四、與包敏道書、頁2。
53　唐君毅：《中國哲學原論·原教篇》（台北：學生書局，七十三年）頁240。
54　唐君毅：《中國哲學原論·原教篇》（台北：學生書局，七十三年）頁344。

將不知如何自用工夫也。象山之教，不只是學者自身之事，亦兼是教者教學者以成教之事，而爲一切人自用工夫之根本也。[55]象山之教，最能兼成學與成教之二義，其旨亦最爲弘闊，[56]「治宋明儒學，當自象山入矣。」[57]

第三節　實踐工夫之異同

一、朱子不契於以察識為主之工夫入路

象山教人時時自覺理之顯於心之發用中，並期通過對此與理爲一之心的自覺、自信，以成理之相續之發。朱子曰：「陸子靜之學，看他千般萬般病，只在不知有氣稟之雜，把許多粗惡底氣都把做心之妙理，合當恁地自然做將去。……看子靜書，只見他許多粗暴底意思可畏。其徒都是這樣，才說得幾句，便無大無小，無父無兄，只我胸中流出底是天理，全不著得些工夫。看來這錯處，只在不知有氣稟之性。」[58]朱子因見到人之氣稟物欲易與心之發夾雜俱流，故不取象山之工夫進路。唐君毅先生說：

> 在接物而有思慮之發處察識者，依朱子觀之，此發處即原有氣稟物欲之雜，與之俱行；察識本身為一發，則同不能免于此雜，亦不能免于此察識之不精。[59]

55 唐君毅：《中國哲學原論・原教篇》（台北：學生書局，七十三年）頁 343。
56 唐君毅：《中國哲學原論・原教篇》（台北：學生書局，七十三年）頁 348。
57 唐君毅：《中國哲學原論・原教篇》（台北：學生書局，七十三年）頁 345。
58 《朱子語類》卷一二四、冊八、頁 2977。
59 唐君毅：《中國哲學原論・原性篇》（台北：學生書局，七十三年二月全集校訂版）頁 574。

> 朱子……其所以反對佛家與陸象山之說，在根本上只有一
> 個理由，即依朱子看來，此諸說皆忽視人之原始的氣稟物
> 欲之雜，可與心之發用俱流之一問題，而其言其學，乃皆
> 不能無弊。[60]

> 唯在吾人心之發用上，從事察識等工夫，而忽吾人之心之
> 發用，恆不能無氣稟物欲之雜之一方面……人之沿此用功
> 者，乃不免與氣稟物欲夾雜俱流，泥沙並下，終成狂肆，
> 流弊無窮矣。[61]

朱子認爲在未發上若未有一事先之工夫，則不能免於察識之不
精。因氣稟物欲之雜，必將與心之發俱行，泥沙並下，終成狂肆，
而流弊無窮矣。唐先生說：

> 在未發上應有一事先之工夫。否則所發者，則只是隨氣之
> 鼓動而發，不免挾湫海之泥沙以俱傾，隨氣質之粗猛以俱
> 行，無寬裕雍容之氣象矣。此中之病根所在，則亦正不外
> 人原有氣稟物欲之雜于氣之鼓動之中，與天命流行，生生
> 不息之機，可俱起俱行；故不于已發未發間，有一斷制，
> 于未發處無一工夫，必不能保其發之不雜不偏也。[62]

欲絕此弊，唯有在未發處先有一斷制，先有一工夫。故朱子主張
先有主敬涵養，尤其是即物窮理之工夫，使此心清明，義理昭著，
方能確保察識之不謬。絕不宜先言察識，而忽此氣稟物欲之雜的
種種弊害也。

---

60 唐君毅：《中國哲學原論‧原性篇》（台北：學生書局，七十三年二月全集校
   訂版）頁 592。
61 唐君毅：《中國哲學原論‧原性篇》（台北：學生書局，七十三年二月全集校
   訂版）頁 553。
62 唐君毅：《中國哲學原論‧原性篇》（台北：學生書局，七十三年二月全集校
   訂版）頁 567。

在朱子學中，如不於事前對各種可能之理，先有一種預先之知，則臨事時必不可能憑空顯理。朱子工夫論之兩端涵養主敬與格物窮理，又以後者爲要。朱子對象山最大之不滿，便是其捨即物窮理而言其他。朱子曰：「古人之學所貴於存心者，蓋將即此而窮天下之理。今之所謂存心者，乃欲持此而外天下之理，其得失之端，於此亦可見矣。」[63]朱子認爲象山專務存心而置天下之理於不顧，故以象山學爲異端、曲學：

> 一便如一條索，那貫底物事，便如許多散錢。須是積累得這許多散錢了，卻將那一條索來一串穿，這便是一貫。若陸氏之學，只是要尋這一條索，卻不知道都無可得穿。且其爲說，喫緊是不肯教人讀書，只恁地摸索悟處。譬如前面有一個關，纔跳得過這一個關，便是了。此煞壞學者。某老矣，日月無多。方待不說破來，又恐後人錯以某之學亦與他相似。今不奈何，苦口說破。某道他斷然是異端！斷然是曲學！斷然非聖人之道！但學者稍肯低心向平實處下工夫，那病痛亦不難見。[64]
>
> 今與公鄉里平日說不同處，只是爭簡讀書與不讀書，講究義理與不講究義理。如某便謂是須當先知得，方始行得。[65] 今之爲學，須是求復其初，如全天之所以與我者，始得。若要全天之所以與我者，便須以聖賢爲標準，直做到聖賢地位，方是全得本來之物而不失。如此，則功夫自然勇猛。臨事觀書常有此意，自然接續。若無求復其初之志，無必爲聖賢之心，只見因循荒廢了。……有一般人，只說天之

63 《朱子大全》卷四十五。
64 《朱子語類》卷二十七、冊二、頁684。
65 《朱子語類》卷一一九、冊七、頁2869。

> 所以與我者，都是光明純粹好物；其後之所以不好者，人
> 爲有以害之。吾之爲學，只是去其所以害此者而已。害此
> 者盡去，則工夫便了。故其弊至於廢學不讀書，臨事大綱
> 雖好，而所見道理便有偏處。[66]

朱子以象山學爲異端、曲學之原因，是因爲象山不肯低心向平實
處下工夫，此平實處主要便是指即物窮理，其中又以讀書爲要。
朱子認爲知得方始行得。象山之學，不去格物、不重讀書，臨事
時欲憑空顯理也難。朱子曰：「窮理之學，誠不可以頓進。然必窮
之以漸，俟其積累之多，而廓然貫通，乃爲識大體耳。今以窮理
之學不可頓進，而欲先識夫大體，則未知所謂大體者，果何物耶？」
[67]朱子認爲要明本心，必須採取即物窮理之實踐進路，「必窮之以
漸，俟其積累之多，而廓然貫通，乃爲識大體耳。」捨即物窮理
而欲先識本心，此則斷無可能。朱子曰：

> 學者合下便要識得此物，而後將心想像照管，要得常在目
> 前，乃爲根本功夫。至於學問踐履，客碎湊合，則自是下
> 一截事，與此粗細，迥然不同。雖以顏子之初，鑽高仰堅，
> 瞻前忽後，亦是未見此物，故不得爲實見耳。此其意則善
> 矣。若果是如此，則聖人設教，首先便合痛下言語，直指
> 此物，教人著緊體察，要令實見，著緊把捉，要常在目前，
> 以爲直截根源之計，而卻都無此說，但只教人格物致知、
> 克己復禮，一向就枝葉上零碎處做工夫，豈不誤人，枉費
> 日力耶？…且曰洞見全體，而後事無不善，則是未見以前，
> 未嘗一一窮格，以待其貫通，而直以意識想像之耳。[68]

---

66 《朱子語類》卷一一八、冊七、頁 2844-2845。
67 《朱子大全》卷四十九、冊六、頁 9。
68 《朱子大全》卷四十五、冊五、頁 43-44。

朱子對象山要人當下識得本心之實踐進路，始終無法認同。朱子認爲先聖先賢只是教人格物致知、克己復禮，一向就枝葉上零碎處做工夫，並未有一段先明本心、先立其大之根本功夫，在講學應事之外也。以孟子之求放心爲例，朱子曰：

> 「『學問之道無他，求其放心而已。』舊看此只云但求其放心，心正則自定，近看儘有道理。須是看此心果如何，須是心中明盡萬理，方可。不然，只欲空守此心，如何用得！如平常一件事，合放重，今乃放輕，此心不樂；放重，則心樂。此可見此處乃與大學致知、格物、正心、誠意相表裏。」可學謂：「若不於窮理上作工夫，遽謂心正，乃是告子不動心，如何守得？」曰：「然。」又問：「舊看放心一段，第一次看，謂不過求放心而已。第二次看，謂放心既求，儘當窮理。今聞此說，乃知前日第二說已是隔作兩段。須是窮理而後求得放心，不是求放心而後窮理。」曰：「然。」[69]

朱子認爲須心中明盡萬理而後求得放心，若不即物窮理只是空守此心，乃告子之不動心也。象山捨即物窮理而欲洞見本心之全體，即便有見，此洞見之全體，亦不過是意識想像之物，並非真正之本心也。朱子曰：

> 「大學物格、知至處，便是凡聖之關。物未格，知未至，如何殺也是凡人。須是物格、知至，方能循循不已，而入於聖賢之域，縱有敏鈍遲速之不同，頭勢也都自向那邊去了。今物未格，知未至，雖是要過那邊去，頭勢只在這邊。如門之有限，猶未過得在。」問：「伊川云『非樂不足以語君子』，便是物未格，知未至，未過得關否？」曰：「然。

---

69 《朱子語類》卷五十九、冊四、頁 1409-1410。

> 某嘗謂，物格、知至後，雖有不善，亦是白地上黑點；物
> 未格，知未至，縱有善，也只是黑地上白點。」[70]

朱子認爲格物致知是凡聖之關，不去格物致知便無法超凡入聖。
物格、知至後，雖有不善，亦是白地上黑點。物未格，知未至，
縱有善，也只是黑地上白點。

> 問：「物未格時，意亦當誠。」曰：「固然。豈可說物未能
> 格，意便不用誠！自始自終，意常要誠。如人適楚，當南
> 其轅。豈可謂吾未能到楚，且北其轅！但知未至時，雖欲
> 誠意，其道無由。如人夜行，雖知路從此去，但黑暗，行
> 不得。所以要得致知。知至則道理坦然明白，安而行之。
> 今人知未至者，也知道善之當好，惡之當惡。然臨事不如
> 此者，只是實未曾見得。若實見得，自然行處無差。」[71]

朱子認爲不去格物致知，雖欲誠意，其道無由。就如人夜行般，
雖知路從此去，但黑暗，亦行不得。朱子曰：

> 人多把這道理作一箇懸空底物。大學不說窮理，只說箇格
> 物，便是要人就事物上理會，如此方見得實體。所謂實體，
> 非就事物上見不得。且如作舟以行水，作車以行陸。今試
> 以眾人之力共推一舟於陸，必不能行，方見得舟果不能以
> 行陸也，此之謂實體。[72]

朱子認爲要在事物上理會，方見得實體。所謂實體，非就事物上
見不得。不去即物而欲見得實體，就如作舟以行陸，必不能行。
朱子曰：「萬事皆在窮理後。經不正，理不明，看如何地持守，也
只是空。」[73]「而今人只管說治心、修身，若不見這箇理，心是

---

70 《朱子語類》卷十五、冊一、頁298。
71 《朱子語類》卷十五、冊一、頁302。
72 《朱子語類》卷十五、冊一、頁288。
73 《朱子語類》卷九、冊一、頁152。

如何地治？身是如何地修？若如此說，資質好底便養得成，只是箇無能底人；資質不好，便都執縛不住了。」[74]「見，不可謂之虛見。見無虛實，行有虛實。見只是見，見了後卻有行，有不行。若不見後，只要硬做，便所成者窄狹。」[75]

朱子認爲若不去即物窮理，只要硬做，所成者便窄狹，如何持守也只是空。資質好的人，只成個無能的人。資質不好的人，便執縛不住、無惡不作了。

二、察識之弊仍宜以察識（更深層）除之

朱子曰：「近世一種學問，雖說心與理一，而不察乎氣稟物欲之私，故其發亦不合理，卻與釋氏同病，不可不察。」[76]象山先立其大、先明本心之工夫固然可能有朱子所言「與人之氣稟物欲夾雜俱流」之弊害，唯此種弊害卻非必然之弊害，唐君毅先生說：

> 朱子之能察識及「察識自身之可有其夾雜與病痛、或弊
> 害」；則凡人之察識，固亦應皆能察識其察識自身之弊害。
> 此即同于謂人之察識本身，儘可有不同之層次，而可自己
> 批評其自身，然後察識之弊害，乃為察識之所能自見。但
> 如察識之弊害，亦可由察識而自見，則察識即非必然有此
> 弊害。[77]

朱子既可察識及氣稟物欲之雜於一般之察識中，則此察識原則上應可居於其所雜者之上一層次以自運行，而不必然有朱子所言之弊害也。唐君毅先生說：

---

74 《朱子語類》卷九、冊一、頁153。
75 《朱子語類》卷九、冊一、頁153。
76 《朱子語類》卷一二六、冊八、頁3016。
77 唐君毅：《中國哲學原論‧原性篇》（台北：學生書局，七十三年二月全集校訂版）頁597。

察識之工夫本身，是否可單獨進行無弊害，關鍵亦儘可不
在其前之涵養窮理之工夫有無，而可只在此察識之本身之
性質，如吾人方才所言，此察識之是否能運行于其所夾雜
之氣稟物欲之上一層次。如察識之運于此上一層次，乃可
能之事，如朱子之察識及察識之弊害，即是其例。則察識
固自可爲一獨立工夫也。此中吾人不須主張察識之必無弊
害，只須主張察識可無弊害，即已足夠建立察識之可爲一
獨立進行之工夫。[78]

唐先生認爲不須主張察識工夫之必無弊害，只須主張察識可無弊
害，即已足夠建立察識之可爲一獨立進行之工夫。唐先生說：

人于此若必疑其察識之或有差，乃併其不差者，而不加以
存養，唯退而從事朱子所謂涵養主敬之功、格物窮理之事；
則此亦正可爲一工夫之懈怠。如清水既流，乃自窒其流，
謂俟吾將此水全澄清，然後可流，豈不翻成工夫之懈怠？[79]
蓋人若因不能自保證其發之不差，與識之不誤，乃恆自疑
其發之有夾雜，遂謂必先退而從事于涵養致知；則須知此
涵養致知之工夫，何時能完滿，使發皆無差，察皆無謬，
亦非吾人之所知。[80]

若因察識可有弊，便盡廢察識，欲待涵養主敬、即物窮理等工夫
完足，使察皆無差，識皆無謬，始從事察識，則此亦正可爲一工
夫之懈怠。

78 唐君毅：《中國哲學原論·原性篇》（台北：學生書局，七十三年二月全集校
　　訂版）頁 598-599。
79 唐君毅：《中國哲學原論·原性篇》（台北：學生書局，七十三年二月全集校
　　訂版）頁 603。
80 唐君毅：《中國哲學原論·原性篇》（台北：學生書局，七十三年二月全集校
　　訂版）頁 604。

朱子學之主敬涵養、即物窮理亦可有弊。

在即物窮理方面，朱子將格物之範圍定爲天下之物，採如此之實踐進路，欲不支離也難。因即天下之物而窮其理，本心之陷於知性之執必成常態。久而久之此知性之執會形成一種習氣，欲從此常執之習氣中，驟然跳脫轉變爲無執，並非易事。是以陷於知性之執者，遇本心應發用之機緣，每每仍安於所執，而無法成就道德行爲。象山就曾批評朱子曰：「『揣量模寫之工，依放假借之似，其條畫足以自信，其節目足以自安。』此言切中晦翁膏肓。」[81]再者，格物所求得之對理之知，是否真能應用於日後，仍是一問題。因每一道德之理皆是一種應機之「活理」，乃本心流行於日用，因應周遭環境、氛圍，創發表現而成者。即物窮理所求得者，卻只是一種定理，定理尚須轉成活理也。通過格物工夫所窮得之定理，固難因應不同之道德情境而有當機之表現也。若更執此定理而不化，正是聖人之道之死板化。

此外，在涵養主敬方面，敬亦可淪爲死敬[82]，人之由整齊嚴肅以主敬者，亦可有拘束矜持之病。[83]

一切實踐工夫皆可有病，朱子之即物窮理與涵養主敬與象山之先立其大、先明本心，兩相比較，權衡輕重，寧取後者也。

---

81 《象山全集》卷三十四、語錄上、頁19。
82 朱子曰：「敬有死敬，有活敬。」《朱子語類》卷十二、冊一、頁216。
83 唐君毅：《中國哲學原論‧原性篇》（台北：學生書局，七十三年二月全集校訂版）頁605。

第五章　以實踐爲向度來說明對「心」、「物」應取之態度

第一節　本心本有之踐德知能

一、本心之踐德大能

　　一個行爲之所以有道德性，即由於它是由本心所決定的，而且本心是決定行爲道德性的唯一且充分之判準，其他的種種考慮皆是不相干的。本心是道德行爲的核心成素，一個道德行爲就是由本心貫穿其間所形成的。若無本心，即無道德行爲可言。因而使本心能時時主宰吾人之行爲，自然甚爲重要。欲主宰之，必有動力也，此動力從何而來？

　　朱子不承認本心本具先天之踐德動力，積極地積累後天之踐德動力，而將實踐之重心置於即物窮理；象山則因肯認本心本具先天之踐德動力，故主張先立其大，以之爲本質工夫。本心是否本具先天之踐德動力—此問題實是朱陸在心與理異同上之關鍵點。

　　朱子曰：「性只是理。然無那天氣地質，則此理沒安頓處。但得氣之清明則不蔽錮，此理順發出來。蔽錮少者，發出來天理勝；

蔽錮多者，則私欲勝，便見得本原之性無有不善。」[1]「氣升降無時止息，理只附氣，惟氣有昏濁，理亦隨而間隔。」[2]朱子認為理本無不善，但理只附氣，因氣有清明昏濁之不同，理亦隨而間隔。人性雖本善，但因受氣之影響，便有昏明厚薄之異。朱子有「氣強理弱」[3]之說，他認為氣對理之影響極大：

> 人之性皆善。然而有生下來善底，有生下來便惡底，此是氣稟不同。且如天地之運，萬端而無窮。其可見者，日月清明氣候和正之時，人生而稟此氣，則為清明渾厚之氣，須做箇好人；若是日月昏暗，寒暑反常，皆是天地之戾氣，人若稟此氣，則為不好底人，何疑！人之為學，卻是要變化氣稟，然極難變化。如「孟子道性善」，不言氣稟，只言「人皆可以為堯舜」。若勇猛直前，氣稟之偏自消，功夫自成，故不言氣稟。看來吾性既善，何故不能為聖賢，卻是被這氣稟害。如氣稟偏於剛，則一向剛暴；偏於柔，則一向柔弱之類。人一向推托道氣稟不好，不向前，又不得；一向不察氣稟之害，只昏昏地去，又不得。須知氣稟之害，要力去用功克治，裁其勝而歸於中乃可。[4]

朱子雖亦肯認人性本善之說，但人性本善只是一種不考慮氣之說法，若加入氣之考量，就事論事實說，則稟得清明渾厚之氣者，「須做個好人」；稟得天地戾氣之人，「則為不好底人，何疑？」稟得天地戾氣之人，雖可通過後天之實踐變化氣稟，但氣稟「極難變化」。由「有生下來善底，有生下來便惡底。」可知朱子認為人之

先天氣稟有偏於善者，亦有偏於惡者。由「氣有昏濁，理亦隨而間隔。」可知氣稟可說是對理之呈現有影響力之一種存在。偏向於善之氣稟可助成理之呈現，故朱子曰：「得氣之清明則不蔽錮，此理順發出來。蔽錮少者，發出來天理勝。」偏向於惡之氣稟則會阻礙理之呈現，故朱子曰：「蔽錮多者，則私欲勝，……。」除氣稟之外，朱子認為理亦可能為物欲所蔽。朱子曰：「此心本來虛靈，萬理具備，事事物物皆所當知。今人多是氣質偏了，又為物欲所蔽，故昏而不能盡知。」[5]在朱子學中，氣稟（氣質）是生而有之的，物欲則是後起的。象山亦曰：「人之所以病道者，一資稟，二漸習。」[6]人一方面受先天氣稟之影響，另一方面又為後天物欲所蔽，故對於理不能盡知。

在此筆者以朱子對氣稟、物欲之考察為出發點，將人傾向於為善或為惡之性向[7]細分為下列三種：

1. **先天性向**：人與生俱來的先天氣稟。
2. **後天性向**：人在後天環境中，通過其自由意志選擇為善或為惡所累積而成的性向。
3. **現有性向**：先天性向與後天性向綜和而成者。

下文中，筆者將對「性向」概念作一分析。在此過程中，筆者發現性向之內涵與自由意志存有一矛盾，我們如果是自由意志的擁護者，就非得承認除性向外，尚有一具足踐德動力之存在，此即象山學中之本心也。朱子須放棄其性理（心之體）只存有不活動之立場，去承認性理（心之體）之活動義。朱子若不承認之，

---

5 《朱子語類》卷六十、冊四、頁 1425。
6 《象山全集》卷三十五、語錄下、頁 13。
7 我們說人有傾向於為善或為惡之性向，這並非指人類有兩種性向，一個為善，另一為惡，而此二者為不可並存之兩物。我們在如此說時，只表示人類的性向可能偏向於善，也可能偏向於惡，是有種種程度上的差異存在的。

就必須去接受決定論的立場。

　　筆者順著朱子之說法，承認人的先天性向可能偏向於善，也可能偏向於惡，是有種種程度上之差異存在的。[8]一個人並不會因其先天性向偏向於善，因之即有尊嚴；反之亦然，人也不應因其先天性向偏向於惡而須被咎責。對此，我們只能說人幸不幸運而已。

　　一個先天性向偏向於善的人，可能因其長久以來，不斷地行惡，致使其現有性向偏向於惡；反之亦然，一個先天性向偏向於惡的人，也可能因其長久以來，不斷地行善，致使其現有性向偏向於善[9]。在對他人的道德人格進行評價時，我們通常是以人的現有性向作爲對象，其實嚴格言之，正確的對象應該是後天性向。我們之所以很少考慮先天性向的原因，或許是因人的先天性向之差異並不大[10]，所以直接以人的現有性向作爲評價之對象，亦無大礙。

　　在現實世界中，每一個人的性向都不盡相同。好人的性向是偏向於善的，因此他們經常爲善；惡人的性向是偏向於惡的，因此他們經常爲惡。

　　人類顯然會因不斷地重覆類似行爲，而有按照一定方式行動之慣性，而且此慣性會隨著行爲重覆次數之多寡而有強弱不同的差別。有些哲學家甚至認爲「習慣」是人生最大的指導者[11]。那

8　朱子對人之先天氣稟似乎是持較悲觀之看法。朱子曰：「日月清明氣候和正之時，人生而稟此氣，則爲清明渾厚之氣，須做箇好人；若是日月昏暗，寒暑反常，皆是天地之戾氣，人若稟此氣，則爲不好底人，何疑！」又謂人之氣稟「極難變化」。請參閱《朱子語類》卷四、冊一、頁69。

9　朱子雖說氣稟「極難變化」，唯仍是可變化者。

10　子曰：「性相近，習相遠。」《論語・陽貨篇》這裡的「性」可能就是指先天性向。

11　譬如 D. Hume 就如此認爲，請參閱：" An Enquiry Concerning Human

麼，一個人難道不會因他不斷地行惡，致使其性向逐漸地偏向於惡、偏離於善，以至於最後成為極惡者嗎？我們若不承認人本具先天之踐德動力，面對一個罪大惡極者，我們將只能說：「你的惡性（惡性向）已成，所以對你『目前』所欲作的惡行，我們是沒有什麼話可說的，期望、勸阻你不去作它，都是沒有意義的，因你已無不為惡的自由了。」至此，我們發現性向的內涵與自由意志存有一矛盾，我們如果是自由意志之擁護者，就必須承認只「以向說性」[12]的看法是不周全的。我們大都認為，不論一個人的惡性向如何地強烈，人在此惡性向的影響下，仍然不會喪失自由意志。惡性向既然是一種能夠影響意志的「習氣」或「慣性」，我們說人在它的影響下仍然有不為惡的自由，也就等於說不論如何還是有一股力量可以克服並超越惡性向對人所造成的影響，這股力量其實就本心本具之先天踐德動力。

　　因而在人有自由意志的「實際預設」（real presupposition）下[13]，我們應該承認本心本具先天之踐德大能。本心之踐德大能並非通過後天的外在環境（如教育）或內在努力（如道德實踐）等得來的，那些惡性向極為強烈者，正是因極度欠缺此等後天條件，

Understanding "，（ New York:The Liberal Arts Press，1955 ）P. 58。

12　傅佩榮先生是持「以向說性」之看法，這亦是以氣說性。傅先生說：「既然人與萬物有別，我們就不宜以界說萬物本性的方式，來界說人性。當我們界說萬物『是什麼』時，必須體認到：不能以『是什麼』來界說人，而只能以『能夠成為什麼』為之。『能夠成為』一詞就兼顧了『自由』與『潛能』而言。因此，對人而言，並且唯有對人而言，或者擴而充之，對一切具有知、情、意的主體而言，都應該以『能夠成為什麼』一詞來界說其本性。這也就是『以向說性』，否則無以兼顧人的自由與潛能。」請參閱〈存在與價值之關係問題〉，「存在與價值研討會」論文（台北：國立台灣大學哲學系，民國八十年）頁 4-5。

13　在本文中，筆者不擬捲入自由與決定論的爭戰，而只把意志自由當作一種實際預設（real presupposition）。關於實際預設的意義，請參閱項退結編譯：《西洋哲學辭典》（台北：華香園出版社，七十八年）頁 425。

才使得其性向如此地偏向於惡。但我們仍然認為他們在欠缺教育、實踐等後天條件的情形下可以為善，可見我們亦承認本心之踐德大能應該是先天本具的。本心之踐德大能應該是一種不受任何後天條件影響之存在，後天條件所能影響的，只是性向之部份。有好的後天條件，人的性向容易向善發展；在壞的後天條件中，人的性向則容易偏向於惡。但不論後天條件如何，人皆恆具此先天踐德大能。

　　本心踐德大能要實際呈現，必須通過性向。本心踐德大能通過愈偏向於善的性向，所受的阻力就愈小，其極致是孔子「從心所欲不踰矩」[14]之境界；反之，通過愈偏向於惡之性向，所受的阻力就愈大。惡性向強烈，人又無反省或逆覺之工夫時，本心之踐德大能也可能無法呈現，所以人會為惡。不過，即使本心踐德大能無法貫徹，它還是以一種「隱默」之狀態潛存著，因而不論多大膽的惡徒，他在順從惡性向為惡之前、之中或之後，因「隱默」之踐德大能與惡性向抗爭之結果，他多多少少仍會有些不安。

　　所以本心踐德大能之存在其實不一定要通過人為善來「證成」[15]，它也可以通過人為惡時，內心不安的現象，間接迂迴地證成，因心不安正是本心踐德大能和與它相背之惡性向，兩者抗爭所產生之自然結果。人心若是無此先天踐德大能，而只是順從著惡性向為惡的話，他為什麼會不安呢？

　　象山曰：「四端皆我固有，全無增添。」[16]陽明亦曰：「不能不昏蔽於物欲，故須學以去其昏蔽。然於良知之本體，初不能有

---

14 《論語》〈為政篇〉。
15 袁保新先生認為，所謂證成宜視之為一種「啟發性的例示」（heuristic illustrations）。請參閱：《孟子三辨之學的歷史省察與現代詮釋》（台北：文津出版社，八十一年二月初版）頁55。
16 《象山全集》卷三十五、語錄下、頁22。

加損於毫末也。」[17]象山、陽明皆承認本心本具先天踐德大能，且此先天踐德大能只會被遮蔽，其本身是不會亡失的。唐君毅先生曰：「依照象山義，即在此人之本心之自明，尚未能自充其量以全體呈現時，其尚未充量呈現之本心之明，仍是能發，而此心之性理，亦是一能發，而不可只稱爲未發，更不可說其爲永無所謂發，亦不可只以沖漠無朕，寂然不動說之者也。」[18]「吾人現有之心，所以有異于本心，乃在外有所加。而工夫遂唯在減此外加，而復此本心之明。……依前義，則工夫皆不外日減，以復本上之高明，以鞭辟而入裏，而未嘗有所增。」[19]象山曰：「……萬物皆備於我，有何欠缺？當惻隱時，自然惻隱；當羞惡時，自然羞惡；當寬裕溫柔時，自然寬裕溫柔；當發強剛毅時，自然發強剛毅。」[20]陽明曰：「心之本體即是天理。天理只是一個，更有何可思慮得？天理原自寂然不動，原自感而遂通。學者用功，雖千思萬慮，只是要復他本來體用而已，不是以私意去安排思索出來。」[21]

　　本心先天踐德大能之呈現是自然而自發地，絕不會在此處呈現，在彼處不呈現，亦不會在此時呈現，在彼時又不呈現。既然如此，人應該隨時隨地行善才是，可是事實卻常不如此，象山要如何解釋人爲惡之現象呢？

　　朱子就曾經批評象山的心即理說「不察乎氣稟物欲之私」，朱子曰：「陸子靜之學，看他千般萬般病，只在不知有氣稟之雜，把許多粗惡底氣都把做心之妙理，合當恁地自然做將去。……看子

17　《王陽明全書》冊一、頁 52。
18　唐君毅：《中國哲學原論・原性篇》（台北：學生書局，七十三年二月全集校定版）頁 544。
19　唐君毅：《中國哲學原論・原性篇》（台北：學生書局，七十三年二月全集校定版）頁 616。
20　《象山全集》卷三十五、語錄下、頁 18。
21　《王陽明全書》冊一、頁 48。

靜書，只見他許多粗暴底意思可畏。其徒都是這樣，才說得幾句，便無大無小，無父無兄，只我胸中流出底是天理，全不著得些工夫。看來這錯處，只在不知有氣稟之性。」[22]「近世一種學問，雖說心與理一，而不察乎氣稟物欲之私，故其發亦不合理，卻與釋氏同病，不可不察。」[23]朱子認為氣稟物欲之私可與心之發相夾雜，人若對氣稟物欲之雜未先加以整治澄清，而直接在心之發用處下工夫，將不免忽略此與心之發俱流之種種氣稟物欲之私，而流弊無窮矣。心之發有善、有惡，象山每每只以心之發為善，此正是不察乎氣稟物欲之私。

　　不過，象山自謂「老夫無所能，只是識病。」[24]朱子如此評象山，象山必不服也。筆者以為，象山並非不察乎氣稟物欲之私，象山、朱子兩人真正之不同在於，象山認為本心之發雖暫可為氣稟物欲之私所雜，但為氣稟物欲所雜之本心仍具踐德大能。本心與氣稟物欲之私如同上、下或裏、外之兩層，下層、外層的氣稟物欲之私固足以遮蔽本心，但位居上層、內層之本心，其踐德大能並未因之有所增減。吾人一但以逆覺或反省之工夫喚醒本心，其踐德大能即可當下呈現，由隱默而彰顯，而足以克除氣稟物欲之私。在朱子學中，位居上層、內層之性（心之體），則並無踐德大能，故須通過即物窮理工夫積累後天踐德動力。朱子欲藉即物窮理，來對治種種氣稟物欲之私。所格之物、所窮之理，至廣、至極之後，踐德動力方為具足，氣稟物欲之私方能克盡。

　　在象山學中，本心之踐德大能乃不待學、不待慮，本來具足者，故以先立其大、先明本心為其本質工夫。象山認為以本心本

---

22 《朱子語類》卷一二四、冊八、頁2977。

23 《朱子語類》卷一二六、冊八、頁3016。

24 《象山全集》卷三十五、語錄下、頁12。

具之踐德大能才真能對治氣稟物欲之私，朱子即物窮理的實踐進路，掛一漏萬，求之愈繁，必失之愈遠，非但無法對治氣稟物欲之私，甚且有助長之可能。後世學者若採即物窮理的實踐進路，恐只不過作得個義襲取之而已。朱子不承認本心本具之踐德大能，以爲它們是「不察乎氣稟物欲之私」，乃另提出一套實踐工夫，向外來尋求踐德動力。如此一來，反而得不償失，正乃「拋卻自家無盡藏，沿門持缽效貧兒」[25]。

二、本心之生物大用

在第三章中，筆者曾言及本心之生物大用—「在一道德情境中，本心可經由對已具備舊知識之重新安排、創造，以形成該道德情境所須之必要知識。」朱子因不承認本心之生物大用，所以自然會極重視即物窮理，因事前之知或不知乃道德行爲成敗之生死關。若在某一道德情境前未具備需要之相關知識，則無異於宣告此一道德行爲必無成就之可能，如此爲可不在事前努力地去求知？吾人在某一道德情境中，所需者雖只是少部份之知識，但因吾人無法預知未來將遇何種道德情境，需要何種知識，因而格物之對象只能定爲天下之物。即天下之物窮其理具之於心，以備不時之需，如此之爲學進路，可謂極爲艱苦。象山則因承認本心有此生物大用，故主張先立其大、先明本心，而不將實踐之重心置於格物。象山曰：「內無所累，外無所累，自然自在，纔有一些子意便沈重了。徹骨徹髓，見得超然於一身，自然輕清，自然靈。」[26]若能先立其大、先明本心，本心之靈明自然可發揮生物大用運轉知識，以稱理而行。物雖亦要格，但須有個頭腦，切莫因格物

25　《王陽明全書》冊二、頁 207。
26　《象山全集》卷三十五、語錄下、頁 27。

而遮蔽本心本具之生物大用。否則，因小失大，反得不償失也。

　　朱子之即物窮理可說是一種「有所學之學」，所欲學者主要就是對理之知也。唐君毅先生在《道德自我之建立》中則指出，「吾人另有一種學，即不是有所學之學，而是無所學之學。」[27]唐先生所說的無所學之學是指人之心靈「能運用其已有之知識以表現智慧的思想之能力」[28]或「對已有之知識，順當前之問題及所懷之目的之所需，向一方向加以運用，而表現智慧之能力。」[29]此正是本心之生物大用。唐先生說：

> 吾人上文所謂智慧之表現之莫有，乃專就吾人之不能綜合的運用我們已有之知識，以表現為智慧的思想而說；亦即專就我們之缺乏此綜合的運用已有知識之事而說。此中我們所缺乏者，唯是對知識之運用，而非其所用之知識，亦非我們之不求用之。此所用之知識，是我們所已有的，即我們所已知者，我們實未嘗不求用之，卻不知所以用之故。此時我們之缺乏對之之運用，即緣於我們之不能使我們之所已知者，於其當呈現時呈現，我們乃如不知我們之所已知者之謂。[30]

本心之生物大用，雖人皆有之，但並非人皆可運用之。能否運用之關鍵不在人我經驗、知識之多寡，[31]而在本心之生物大用有無

---

27 唐君毅：《道德自我之建立》（台北：學生書局，七十二年七月六版）附編，頁43。
28 唐君毅：《道德自我之建立》（台北：學生書局，七十二年七月六版）附編，頁63。
29 唐君毅：《道德自我之建立》（台北：學生書局，七十二年七月六版）附編，頁66。
30 唐君毅：《道德自我之建立》（台北：學生書局，七十二年七月六版）附編，頁71-72。
31 唐君毅先生曰：「人之智慧之高下，亦正在人所有之經驗與知識，相距不遠或相類似之情形下，乃最顯而易見。此中，人愈能不經嘗試錯誤，不經推論，

被遮蔽。本心生物大用之所以會被遮蔽，往往是因一種特殊的「依智而起之無明或愚」。唐先生說：

> 人之所以難有智慧之表現，並非難在運用其所當運用之知
> 識，而實難在其恆不能不運用其他不相干之知識，不能擺
> 脫其以往之思想活動之方向及所習之知識之束縛。此中之
> 難處，如人欲向某一方向走者，在其他各方向，皆有看得
> 見或看不見的手在拉他，其難處並不在其向某方向走之本
> 身，而在其不能擺脫在其他方向拉他之力量。[32]
>
> 人之所以對其所已知者不加以運用之理由與原因，便唯有
> 兼求之于人心另有所用，或正從事於運用其他之已知者於
> 他事；而人之運用其他之已知者，亦正為可阻礙障蔽人之
> 運用其所當運用之已知者，而引致出人之愚與無明者也。
> 此種由人之運用其他之所已知者，以障蔽阻礙其當運用之
> 所已知者之運用，而引致出之無明與愚，則為一種特殊之
> 愚或無明，或依智而起之無明或愚，而此亦正即人為之所
> 以有知識，而不知加以綜合的運用，以缺乏智慧之表現之
> 特殊的理由原因之所在也。[33]

本心無法起生物大用的原因，往往是因人心另有所用，或正運用其他已知者，以至於不能不運用其他不相干之知識，不能擺脫以往其他思想活動之方向及所習知識之束縛。這種人心因運用其他已知者，以至於阻礙、障蔽本心生物大用之愚或或無明，唐先生

而立刻選取可運用之知識而運用之，以歸于至當不易者，則愈見其智慧之
高。」同上，頁 65-66。

32 唐君毅：《道德自我之建立》（台北：學生書局，七十二年七月六版）附編，
頁 79。

33 唐君毅：《道德自我之建立》（台北：學生書局，七十二年七月六版）附編，
頁 73。

稱之爲「依智而起之無明或愚。」唐先生舉司馬光破缸救人之例子加以說明：

> 在兒時司馬光之例中，我們說他綜合的運用「石能破缸」、「缸破則水流」、「水流則人不致溺斃」之知識，以解決當前之問題，而達到拯救落缸之小兒之目的，故說他有智慧之表現。而其他同伴，則不知綜合的運用彼等前所亦具有之此諸知識，以達救人之目的，故說他們皆缺乏智慧之表現。……我們亦正不難設想，其他兒童皆各有其所用心，亦各有其所知，而亦未嘗不用其所已知之其他知識，以求解答當前之問題。唯因其不能綜合的運用上列諸知識，以切合于當前問題之解決，而達救兒之目標，故吾人謂之無智慧。則其無智慧之理由與原因，吾人豈不可說即在其心之另有所用，或正從事於運用其他所已知者，遂不知綜合的運用其所當用、亦本來能用之諸知識，而其本來能有之智慧之表現，遂被障蔽阻礙乎？譬如此諸同伴中，可能有一人見小兒墮水缸，如此爲危急之事，頓憶起過去遇危急之事時，則呼大人救援；於是本此知識而呼大人；乃忘在此情境下呼大人之無用，遂無智慧之表現。其無智慧之表現，豈不可說即以「其往運用此其他知識，而不知此其他知識在此種情境下之不能用」爲理由與原因乎？又再如有一同伴見小兒落水缸，於是本其過去以瓢出水之經驗，知瓢能出水，水出則兒救，卻忘此事之緩不濟急，遂亦不表現智慧。而其所以不表現智慧，豈非以其只知往運用此瓢能出水之知識，爲其原因與理由乎？再如有一同伴，見兒落水即恐怖而哭，乃手足莫知所措。此似全未設法，亦未運用其他知識，以解決當前之問題。實則亦非全不用。因其恐

怖而哭，乃由於知此兒之會死，或覺此兒之落水，為一反
常或突然之事，此仍為一廣義之知識。而彼緣此知識，立
即生出恐怖與哭之情感，亦即由彼之有此知識，即停滯於
有此知識。而未思及此情境之未嘗不可變之故。而其停滯
於此知識以生恐怖，即謂此知識為永真，而用之以引生恐
怖也。[34]

人愈能保持本心之清明、靈動，本心生物大用之發揮便愈容易也。
兒時之司馬光能綜合運用「石能破缸」、「缸破則水流」、「水流則
人不致溺斃」之知識，而有本心生物大用之發揮；司馬光其他同
伴，則各有其所用心，而不知綜合的運用其所當用，亦本來能用
之諸知識，而無本心生物大用之發揮也。所以，人心在另有所知，
或另有其所用之情形下，往往會障蔽、阻礙智慧（應機性知識）
之顯現。唐先生說：

> 我們在獲得其他知識後之一種「自然要求於類似之情境，
> 重現此諸其他知識以形成一種習慣」之氣分（氛）或性
> 向，……此諸習氣，皆有一力量可使我們不能用所當用之
> 知識，而阻礙障蔽我們之智慧之表現。而我們之心靈所以
> 無智慧之表現，亦即可說是以此諸習氣之存在於心靈之
> 底，為其充足之原因與理由矣。[35]

象山曰：「高底人不取物，下人取物黏於物。」[36]使人不能應機運
用知識以表現智慧的主要原因，就是獲取知識時，所自然伴隨要
求於類似情境再重現之的一種習氣。此種知識習氣會妨礙我們用

---

34 唐君毅：《道德自我之建立》（台北：學生書局，七十二年七月六版）附編，
　　頁73-75。
35 唐君毅：《道德自我之建立》（台北：學生書局，七十二年七月六版）附編，
　　頁75-76。
36 《象山全集》卷三十五、語錄下、頁23。

所當用之知識,而使我們無法擺脫所不當用之知識也。象山曰:「惡
能害心,善亦能害心。」[37]又曰:「如一器皿,虛則能受物,若垢
汙先入,後雖欲加以好水,亦費力。」[38]陽明亦曰:「心體上著不
得一念留滯,就如眼著不得些子塵沙,些子能得幾多,滿眼便昏
天黑地了。」又曰:「這一念不但是私念,便好的念頭,亦著不得
些子,如眼中放些金玉屑,眼亦開不得了。」[39]知識固有其價值,
唯知識習氣愈強者,本心生物大用之發揮往往愈不易也。唐先生
說:

> 此中任一知識在已形成後,亦皆同有一要求在類似之情境
> 下,重現他自己之一傾向或習氣,由此乃皆可成為我們所
> 可加以運用,而皆可實際上加以重現之知識。此知識網之
> 逐步組成而逐步擴大,即我們通常之求知識之目標。然而
> 人們很少知道,此知識之網愈擴大,而我們之自由的運用
> (此非前文之自由設想義,乃依吾人自定之目的,以自循
> 一方向用思想之義)我們所已具有之知識之事所需要之一
> 種內在的力量,亦愈大,而在事實上恆愈難。……我們知
> 識愈多之情形下,我們要依一方向,去達於我們所已有之
> 某知識而運用之之時,我們即愈須扼制住更多的其他知識
> 之運用,而我們所需要的內在的加以扼制之力量亦愈大,
> 而亦愈難。此即為「知識網之逐步組成」,與對「已有知識
> 之自由運用」二者間,必然不能免之矛盾現象。[40]

唐先生指出每一知識之求得,亦伴隨著一種欲重現其自己的習

---

37 《象山全集》卷三十五、語錄下、頁 19。
38 《象山全集》卷三十五、語錄下、頁 7。
39 《王陽明全書》冊一、頁 103。
40 唐君毅:《道德自我之建立》(台北:學生書局,七十二年七月六版)附編,
　　頁 77-78。

氣。於某一道德情境中，吾人如欲運用某一知識，就必須擺脫其他所有不相干之知識習氣。人之知識愈多、愈雜，知識習氣便愈強，欲擺脫便愈不易也。所以，「知識網之逐步組成」與對「已有知識之自由運用」二者間，存有一必然不能免之矛盾現象。朱子學之即物窮理所求之每一對理之知，皆伴隨著欲表現其自己的一種習氣，因而即物窮理工夫下得愈廣、愈深者，本心欲表現生物大用往往便愈不容易也。唐先生說：

> 我們任何知識，其最初之所以形成，皆原於人之向一方向去思想之活動。而此活動之本身，即原有要求重現它自己之一傾向。所謂重它（現）他自己之傾向，亦即求重複其原來之向一方向去思想之活動，而同時重現其所習之知識之傾向或習氣。此傾向與習氣之原，如歸根究柢，即當歸至人之初有向一方向之思想活動時，即對此活動之自身，有一原始之執著或黏滯陷溺。由此執著，人乃有上述之重現其所習之知識之傾向與習氣。此傾向與習氣之存在，原是我們在一般情形下，於形成知識後，而能再加以記憶或反復的運用之依據，因而亦非可全加苛責。然而此亦同時是我們對我們所習之知識，恆難於舍棄不用，如要舍棄不用，必須用抑制之力量之理由；及我們所形成之知識愈多，我們要舍而不用，所需要之抑制之力亦愈大，而抑制之事亦愈難之理由。[41]

知性活動本身就是一種執，有要求重現它自己的一種自然傾向。人若是莫有頭腦，對此一現象無一清楚地覺察，而只是盲目地從事知性活動，則此知性活動本身往往就是一種會障蔽本心生物大

---

41 唐君毅：《道德自我之建立》（台北：學生書局，七十二年七月六版）附編，頁78。

用之執著。因而人之知性活動愈多、愈頻繁者，本心生物大用之障蔽便易愈深、愈嚴重也。象山曾曰：「今之論學者，只務添人底，自家只是減他底，此所以不同。」[42]朱子學以知爲主的實踐進路足以遮蔽本心之生物大用，這便是象山堅決反對即物窮理的原因所在。

　　象山曾舉徐子宜語曰：「與晦庵月餘，說話都不討落著，與先生說話，一句即討落著。」[43]在象山學中，所攝入之知識往往求必掛搭於本心之上，與本心融而爲一。此種與心無對之知識，並非死知識，不但不會產生知性之執，而且有本心之明爲其頭腦，故臨事時本心可自由運用之以發揮生物大用也。此外，象山又主張先立其大、先明本心（有個頭腦），因之能對知性之執有一清楚地照察。所以在求知時，往往亦較能避免知性活動本身所產生之黏滯陷溺也。唐先生說：

> 吾人如能對於任何知識之形成，皆不加以執著，則吾人時時有一新知識，並時時形成一現在之思想活動之方向，卻並不形成固定的執著的思想方向。此乃由於我們時時皆能自覺確有其他思想之方向，與之並在。由此而吾人之不執著的心靈，即可謂爲真正的同時統攝諸相異或對反之思想之方向，而常位居其上，而無所偏倚之心靈。吾人現在之此心靈，能當下一念，無所偏倚，亦即使吾人在未來之情境，欲當機運用此諸知識時，能自由的用其所當用，而不致因今所偏倚所執著之知識之形成習氣，以礙得吾人「用其所當用」之其他知識，而表現智慧者。[44]

---

42 《象山全集》卷三十四、語錄上、頁6。
43 《象山全集》卷三十五、語錄下、頁19。
44 唐君毅：《道德自我之建立》（台北：學生書局，七十二年七月六版）附編，頁95。

象山曰:「平生所說,未嘗有一說。」[45]象山學正在求對任何知識
之形成,皆不加以執著,皆有本心之明爲其頭腦也。此種具德慧
之心靈,唐先生對之亦有說明:

> 此心靈之狀態,自其未接物感物的方面,或心靈之自體方
> 面看,爲一平衡中和而虛寂之狀態。……此心靈即又可說
> 在一若無所思,而恆自清明醒覺,而更無所偏倚或執著之
> 狀態。此即昔賢所謂「無思也,無爲也,寂然不動」。「無
> 聲無臭獨知時」之狀態,亦若無知識,而「其智可及也,
> 其愚不可及也」之狀態。[46]

> 此心靈自其接外物感外物方面看,則在其正求知物之何所
> 是,或解決一問題以求達一目的時,初無預定之觀念,亦
> 無任意之假設,更無不必要之推論;而其在不同時間空間,
> 所已獲得而具有之一切知識,則又如皆同時聚合,虛涵於
> 其當下之心靈之後,爲其背景,以待其當機而對境時之自
> 由運用;乃能直下不用其所不用,而用其所當用。此亦爲古
> 人所謂「不思而中,不勉而得」、「寂然不動,感而遂通」
> 之一意義。而此類事之所以可能之理由,則在其能「即其
> 所兼感之他物,以銷化一切與所正感之物不相應之知識之
> 出現」之「可能」或「幾」,因而能當機以綜合的運用其所
> 當用之知識以知之。[47]

相較而論,朱子實甚欠缺「若無所思」、「若無知識」、「恆自清明
醒覺」之智慧。上引唐先生兩段文字正可爲象山下列諸語之絕佳

---

45 《象山全集》卷三十五、語錄下、頁 14。
46 唐君毅:《道德自我之建立》(台北:學生書局,七十二年七月六版)附編,
　　頁 102。
47 唐君毅:《道德自我之建立》(台北:學生書局,七十二年七月六版)附編,
　　頁 103。

註腳，亦可藉以明先儒用心過人之處。象山曰：「我無事時，只似一個全無知、無能底人，即事至方出來，又卻似個無所不知、無所不能之人。」[48]「凡事莫如此滯滯泥泥，某平生於此有長，都不去著他事，凡事累自家一毫不得。每理會一事時，血脈骨髓都在自家手中。然我此中卻似個閒閒散散全不理會事底人，不陷事中。」[49]「君子之道，淡而不厭，淡味長，有滋味便是欲。人不愛淡，卻只愛熱鬧；人須要用，不肯不用；須要爲，不肯不爲。蓋器有大小，有大器底人自別。」[50]「人不肯心閒無事，居天下之廣居，須要去逐外，著一事，印一說，方有精神。」[51]「優裕寬平，即所存多，思慮亦正。求索太過，即存小，思慮亦不正。」[52]「大人凝然不動，不如此，小家相。」[53]「五日畫一水，十日畫一松石，不如此，胡亂做。」[54]「人心只愛去泊著事，教他棄事時，如獼猻失了樹，更無住處。」[55]

象山曰：「某平生有一節過人，他人要會某不會，他人要做某不做。」[56]象山因對知識之攝取有所警覺，因而自設限制（不可障蔽本心之明），故攝取之數量與速度必比不上朱子。但以此態度攝取知識，卻能常保本心之明，而時時有此生物大用之發揮也。

至於朱子學中，以即物窮理之方式去攝取知識，數量固可極多，速度亦可極快，但這些知識往往是只掛搭於知性，而以此方

48　《象山全集》卷三十五、語錄下、頁18。
49　《象山全集》卷三十五、語錄下、頁21。
50　《象山全集》卷三十五、語錄下、頁21。
51　《象山全集》卷三十五、語錄下、頁18。
52　《象山全集》卷三十五、語錄下、頁24。
53　《象山全集》卷三十五、語錄下、頁23。
54　《象山全集》卷三十五、語錄下、頁26。
55　《象山全集》卷三十五、語錄下、頁18。
56　《象山全集》卷三十五、語錄下、頁27。

式間接地統攝於本心。它們與本心仍是處於相對爲二之狀態，並未直接融入本心而與本心合而爲一，所以它們並無本心之明爲其頭腦，故臨事時本心亦不易運轉之以發揮生物大用也。

再者，以即物窮理方式所攝入之知識，皆伴隨著一種欲重現其自己之習氣，因而本心必須一一擺脫其他不相干之知識習氣，方能運用其中之某一知識，此亦非易事也。所以採即物窮理方式所知得者，能用於相似之道德情境中即已難得。當情境變遷，須本心對已知者發揮生物大用做一轉化方能應用時，更往往不能成功也。通過格物工夫所窮得之定理，固難因應不同之道德情境而有其當機之表現。若執此定理而不化，正適足以抹煞本心創發性、應機性地生物大用也。

更有甚者，格物之範圍廣如天下，格物之工夫自然不能稍停，本心之常陷於執亦當然爾。欲從此常執之習氣中，驟然跳脫，並非易事。更何況對知性之執，全無警覺者耶！是以習於知者，遇本心該發用之機緣，每每仍安於所執。象山說晦翁曰：「莫教心病最難醫。」[57]又曰：「吾嘗與晦翁書云：揣量模寫之工，依放假借之似，其條畫足以自信，其節目足以自安。此言切中晦翁膏肓。」[58]「蓋事無大小，道無淺深，皆不可強探力索，人患無志，而世乃有有志不如無志者，往往皆強探力索之病也。」[59]

牟先生在《圓善論》一書之序言中說：「智慧之造始與思想之開發固是兩事，即思想之開發與踐履造詣之高下更是兩事，非可一概而論。於此後兩者間，欲想得一配稱之關係，恐將比在德福間得一配稱爲更難，此當別論。」[60]踐履造詣所對者是德性之範

---

57 《象山全集》卷三十五、語錄下、頁 27。
58 《象山全集》卷三十四、語錄上、頁 19。
59 《象山全集》卷四、與符舜功書、頁 10。
60 牟宗三：《圓善論》(台北：學生書局，七十四年七月初版) 序言。

疇，思想開發所對者乃知性之範疇，德性與知性可是互助亦可是互斥之關係。處理得宜，知性皆能有助於德性，兩者相得益彰，益加其美；處理不得宜，則知性每每成爲德性之大敵，使人自陷於小而不能更上層樓。

欲求踐履造詣之高者，恐需對思想之開發稍加抑制，先明本心，以此爲前提，再次第開發思想。若一任知性氾濫，不加節制，此不但有害德性，思想之開發恐亦會因無源而終要傾倒。

不過，即使先明本心，後開思想，因知性與德性仍然存有互斥之關係，故兩者極不易得一配稱之關係。此不僅在個人之生命如此，在民族之慧命亦然。中國爲一重德性之民族，但於知性之表現則甚爲疲弱。唯此疲弱亦可爲大器晚成之疲弱，此當別論。

第二節　對「心」、「物」應取之態度

一、對「心」之正確態度

象山曰：「汝耳自聰，目自明，事父自能孝，事兄自能弟，本無欠闕，不必他求，在自立而已。」[61]「苟此心之存，則此理自明。當惻隱處自惻隱，當羞惡、當辭遜，是非在前自能辨之。」[62]「當寬裕溫柔自寬裕溫柔，當發強剛毅自發強剛毅，所謂溥博淵泉而時出之。」[63]本心既然本具踐德大能，則先立其大、先明本心自然爲第一要義。唐君毅先生說：「人若對此發用之理……能有

61　《象山全集》卷三十四、語錄上、頁4。
62　《象山全集》卷三十四、語錄上、頁2。
63　《象山全集》卷三十四、語錄上、頁2。

一自覺，則此自覺本身，即爲其發用之一繼續、一保任。今有此繼續與保任，則其原來之發用，即更有一增進與充實，而于此心之體亦更能自現矣。」[64]唐君毅先生認爲，人能自覺理之顯於本心之發用中，便能成其相續之發也。蓋「人果知得：此道德的理之即在此心之發用中，即同時可知得：人之所以化除其不合理之心情意念行爲之『能』，亦在此心中。」[65]對理之「知」與行理之「能」，原非二物。牟宗三先生亦言：「『本心即理』之本心，稱體直說，其本身即是覺。此覺本身就是動力。」[66]本心，就其爲道德之判斷原則（principium dijudicationis）而言，謂之「良知」；就其爲道德之「踐履原則」（principium executionis）而言，則可謂之曰「良能」。[67]「良知」同時即是「良能」，所謂「知行合一」（陽明語）也。理之發，不令其滑過，對之愈能有覺、有知，則本心踐德大能，便愈易透顯而出矣。精思，必能力踐。陽明說：「善念發而知而充之；惡念發而知而遏之。知與充與遏者，志也、天聰明也。聖人只有此，學者當存此。」[68]此中關鍵，就在「善念發而『知』而充之」與「惡念發而『知』而遏之」這個「知」上面。陽明說：「…，俱爲之欲，俱爲良知之蔽。然才有著時，良知亦自會覺。覺即蔽去，復其體矣。」[69]呈現順利的本心一旦爲我們所「知」，踐德大能便更容易進一步繼續的呈現；反之，被氣稟私慾阻隔因而呈現不順利的本心一旦爲我們所「覺」，這種覺即有引發踐德大能以去氣稟物欲之私的功能。關於此意，牟宗三先生

64 唐君毅：《中國哲學原論・原教篇》（台北：學生書局，七十三年）頁 218。
65 唐君毅：《中國哲學原論・原教篇》（台北：學生書局，七十三年）頁 217。
66 牟宗三譯註：《康德的道德哲學》（台北：學生書局，七十二年）頁 263。
67 李明輝：《康德倫理學與孟子道德思考之重建》（中央研究院中國文哲研究所，八十三年）頁 82。
68 《王陽明全書》冊一、頁 18。
69 《王陽明全書》冊一、頁 93。

有許多精闢的詮釋:「逆覺即是不順感觸界滾下去而逆回來,通過本心明覺之震動而覺照其自己,此覺照即是智的直覺,以非感性故。由於此覺照照其自己(即見其自己),即能『自知其自己』,把能照所照之能所關係泯化而爲一,即是此本心明覺之自知,自己朗現其自己,自己如此之朗現。盡此工夫之極者惟聖人能之。故道德非虛懸,而真能有能做見証者。人或多或少皆能之,因皆有其本心明覺故也。」[70]「『致』表示行動,見於行事。但如何能『致』呢?此並無繞出去的巧妙方法。只因良知人人本有,它雖是超越的,亦時時不自覺地呈露。致良知底致字,在此致中即含有警覺底意思,而即以警覺開始其致。警覺亦名曰『逆覺』,即隨其呈露反而自覺地意識及之,不令其滑過。故逆覺中即含有一種肯認或體証,此名曰『逆覺體証』。此體証是在其於日常生活中隨時呈露而體証,故此體証亦名曰『內在的逆覺體証』,言其即曰常生活而不隔離,……。」[71]

　　所以,面對本心的正確態度,就是藉由「反省」或「逆覺」的工夫,使本心踐德大能不爲氣稟私慾阻隔,而能繼續、充全地呈現。這個方法管不管用,就看我們「反省」或「逆覺」的工夫真不真切,象山曰:「古人精神不閒用,不做則已,一做便不徒然,所以做得事成,須要一切蕩滌,莫留一些方得。」[72]陽明亦曰:「爾那一點良知是爾自家底準則,爾意念著處,他是便知是,非便知非,更瞞他一些不得。爾只不要欺他,實實落落依著他做去,善便存、惡便去,他這裏何等穩當快樂。此便是格物的真訣,致知

---

70 牟宗三譯註:《康德的道德哲學》(台北:學生書局,七十二年)頁 299-300。
71 此說雖見於牟宗三先生論陽明學時,但論象山亦適用也。請參閱:《從陸象山到劉蕺山》(台北:學生書局,七十三年十一月再版)頁 229-230。
72 《象山全集》卷三十五、語錄下、頁 27。

的實功。」[73]「吾輩今日用功，只是要爲善之心真切。此心真切，見善即遷，有過即改，方是真切功夫。如此，則人欲日消，天理日明。」[74]

譬如在見孺子將入於井之道德情境中，自然會有「怵惕惻隱」之理由本心呈現（心即理）。非僅如此，此由本心發動之理還伴隨著踐德大能，會讓我們自然欲對孺子施以援手。只可惜理通常無法自始至終不爲氣稟物欲之私阻隔，或在救起孺子之後，我們即想起這樣的行爲可以「內交於孺子之父母」、「要譽於鄉黨朋友」（氣稟物欲之私）等等。不過即使如此，本心無時或間之覺性，亦知此種想法爲非，格去此種想法復得初心爲是。所以我們只要自覺地以「反省」或「逆覺」之工夫喚醒本心，踐德大能便能繼續貫徹，氣稟物欲之私即可被格除。

本心雖然是先天的，但本心之知未必能立即爲我們所覺察，要覺察它，必須憑藉極大的注意力。李明輝先生指出，在我們察覺到本心之知以前，它只是一種「隱默之知」而已。[75]本心雖然是本有的，但本心之能亦未必能立即爲我們所察覺，要察覺它，必須憑藉適當的方法。在我們察覺到本心之能以前，它亦只是一種「隱默之能」而已。所以，承認人有本心，並不意謂要否定教化與教育之必要性。只不過如果本心本具之知能是一種隱默之知能，在這種情況下，學習並非從無到有，而是意謂對既有之隱默知能的反省與逆覺。[76]蔡仁厚先生說：

---

73 《王陽明全書》冊一、頁 77。
74 《王陽明全書》冊一、頁 22。
75 李明輝：《康德倫理學與孟子道德思考之重建》（中央研究院中國文哲研究所，八十三年）頁 88-89。
76 李明輝：《康德倫理學與孟子道德思考之重建》（中央研究院中國文哲研究所，八十三年）頁 88-89。

　　　　說「性本善」，是指出人有先天本善之性。肯定人有本善之
　　　　性，並不表示天下人都是善人，也不是說人的行為都是善
　　　　的。人有了本善之性，還要時時反省自覺，敦篤實踐，使
　　　　先天的「心性之善」表現出來，成為具體的「行為之善」。
　　　　所以講性本善的儒家，既孜孜講求道德實踐工夫，也非常
　　　　重視教學教化。[77]

儘管人人皆具本心，能知、能行道德法則，但本心之知能最初只
是一種未經反省或逆覺之隱默知能。所以，承認人有本心，並不
會使教化與教育成爲不必要，只不過在象山學中，教化與教育之
目的並不在教導和灌輸，而在於指點和啓發。這個意思用康德的
話來說便是:「我們不教給通常的人類理性絲毫新東西，而只是像
蘇格拉底一樣，使它注意自己的格律。」[78]李明輝先生說:

　　　　承認人性本善，並不意謂要否定教化與教育之必要性。因
　　　　為儘管如孟子所言，人人皆本具良知，能知仁義禮智，但
　　　　此種「知」最初仍只是一種未經反省的「隱默之知」。在這
　　　　種情況下，教化與教育之意義便在於引導人藉反省底工夫
　　　　提撕本具的良知，使之常惺惺不昧。所以，承認人性本善，
　　　　並不會使教化與教育成為不必要，因為在隱默狀態中的良
　　　　知仍有放失之虞，而有待於存養。[79]

象山承認人人皆本具可以隨時呈現之本心─這並非意謂人人均是
現成的聖人。因爲在一般人，本心之知能僅是一種未經反省或逆
覺之隱默知能，須有待自我修證或學習，始能在自覺中貞定自己。

---

77 蔡仁厚:《儒家心性之學論要》(台北:文津出版社，七十九年) 頁 55。
78 李明輝:《康德倫理學與孟子道德思考之重建》(中央研究院中國文哲研究
　　所，八十三年) 頁 17。
79 李明輝:《康德倫理學與孟子道德思考之重建》(中央研究院中國文哲研究
　　所，八十三年) 頁 88-89。

這種修證或學習的工夫，非但不足以否定本心自身，反而必須以之爲依據。[80]牟宗三先生說：

> 所謂現成良知，見在具足，是就呈露的良知自身說，並不
> 是說人在隨時不自覺地混雜呈現這個現實的狀態中就是聖
> 人，現成具足不是就這個現實狀態說。道在眼前流行。這
> 個現實狀態當然亦有道，但必須經過逆覺體證始能成聖
> 賢。說滿街都是聖人，這等于說愚夫愚婦都是潛在的聖人，
> 因為他亦有隨時呈現的良知故。故如指點之而使自覺，他
> 亦可以為堯舜，可以為君子。這等于佛教華嚴經所說「心
> 佛與眾生，是三無差別。[81]

人在順從氣稟物欲之私爲惡時，本心之知能仍是存在的、具足的，只不過它是處於隱默之狀態而已。只要對氣稟物欲之私之上、之後的本心加以反省、逆覺，喚之、醒之，本心之知能即可呈現起用，由隱默而彰顯，當下克除氣稟物欲之私也。

二、對「物」之正確態度

在朱子學中，即物窮理所求得之對理之知，尚須轉化爲心之理。朱子雖然極重視此轉化，但「理之知」與「心之理」兩者是一種異質異層之關係，理之知要轉化爲心之理需要一種異質異層之突變。朱子就是希望靠著不斷累積、深化對理之知，來達成此種異質異層之突變。但是對理之知，不論如何累積、深化，卻仍屬於知之層面。深化二分之「理之知」與深化一分之「理之知」，

---

80 李明輝：《康德倫理學與孟子道德思考之重建》（中央研究院中國文哲研究所，八十三年）頁115-116。
81 牟宗三：《從陸象山到劉蕺山》（台北：學生書局，七十三年八月增訂再版）頁345。

亦爲同質；累積二分之「理之知」與累積一分之「理之知」，仍爲
同層。同質同層之改變對造成異質異層之突變，其效果如何，此
是一大問題。了解理、具備對理之知識，並不意謂我們於相關的
道德情境中就能實現此理，從前者到後者其實已經有一種「異質
的跳躍」[82]。象山曰：「千虛不搏一實」[83]，與其疲精耗神地求對
理之知於事事物物之中—此爲虛，不如先立其大、先明本心—此
方是實。陽明亦曰：「與其爲數頃無源之塘水，不若爲數尺有源之
井水，生意不窮。」[84]即物所窮得之對理之知，就如同無源之塘
水般，雖多但並無大用；與其如此，不如致良知之如有源之井水，
生生不息也。徐復觀先生說：

> 朱元晦讀書窮理的工夫，如上所述，主要是知性追求知識
> 的活動；用在實然的物理世界，可以成就科學；用在倫理
> 的世界，可以成就關於倫理的一種知識。此種知識可能引
> 發一個人的道德，但它並不是道德主體的本身，所以並不
> 能因此而保證一個人的道德。[85]

> 王陽明說：「縱格得草木來，如何反來誠得自家意？」此一
> 問，實在問到了問題的根本。所以由「窮理以致其知」落
> 到「反躬以踐其實」，實際是要回到心的地方作一個轉換，
> 朱子自己在堅苦中是不斷的作此轉換。…由向外轉到向
> 內，縱有此可能，也要轉一個大彎；這一個大彎，是可以
> 不必轉，而且普通人常常轉不過來。[86]

---

82 劉述先：《朱子哲學思想的發展與完成》（台北：學生書局，七十三年十一月
　再版）頁581。

83 《象山全集》卷三十四、語錄上、頁4。

84 《王陽明全書》冊一、頁18。

85 徐復觀：《中國思想史論集》（台北：學生書局，七十年台四版）頁37。

86 徐復觀：《中國思想史論集》（台北：學生書局，七十年台四版）頁37-38。

朱子格物之對象是徐先生所說的「關於倫理的一種知識」,這種知識可以引發一個人的本心,但它並不是本心自身在呈顯。欲本心呈顯,尚須由向外轉到向內,作一個轉換。徐先生認爲這個轉換是一個不必要之「大彎」,而且普通人常常轉不過來。唐君毅先生亦言:「一般人之所謂事先之『知』上工夫、或『預』的工夫,除其本身原爲人今所當有者之外,其是否在實際上,必然能使人後來即循之以行,而應物皆當,即亦不能有一事先之保證。」[87]朱子似乎並未意識到「窮理以致其知」至「反躬以踐其實」的這個大彎之存在。他一直認爲只要即物窮理將來就一定可以把對理之知轉化爲心之理。

對於物,朱子是大著心胸、大開著門,象山則多所保留也。物雖然爲道德行爲之材質成素,而爲道德行爲所不可或缺,但象山認爲格物只能是實踐之助緣,而非本質工夫也。若爲學之精神大部分用於格物,反會遮蔽本心之生物大用,因小失大,得不償失,甚可惜也。

象山既然承認本心之生物大用 —— 在一道德情境中,雖未具備該道德情境所需之某必要知識,但已具備之舊知識可經由本心之重新安排、創造,當下形成或取代該必要知識 —— 則實踐之重心自然以保存本心之生物大用爲第一要義。

象山曰:「須是下及物工夫,則隨大、隨小有濟。」[88]象山亦重格物,但是象山之格物是以先立其大爲前提,有了本心之明爲格物之頭腦,方能隨大、隨小有濟。有人問陽明:「名物度數亦須先講求否?」陽明答曰:「人只要成就自家心體,則用在其中,如養得心體果有未發之中,自然有發而中節之和,自然無施不可。

---

87 唐君毅:《中國哲學原論・原教篇》(台北:學生書局,七十三年)頁334。
88 《象山全集》卷三十五、語錄下、頁4。

苟無是心，雖預先講得世上許多名物度數，與己原不相干，只是
裝綴臨時，自行不去。亦不是將名物度數全然不理，只是要知所
先後，則近道。」[89]名物度數即所謂物或知識，對於知識，陽明
認爲我們不可全然不理，因爲本心需要知識之配合始能成就，所
以我們當然不可以不理知識。象山亦說自己在「人情、物理上做
工夫。」[90]「在人情、事勢、物理上做些工夫。」[91]「所謂讀書，
須當明物理，揣事情，論事勢。」[92]「須知人情之無常，方料理
得人。」[93]不過，雖然知識極爲重要，象山、陽明認爲我們還是
應該要「知所先後」。在象山、陽明看來，「先立其大」或「致良
知」以保全本心之生物大用，顯然比知識之獲取更爲重要，我們
萬萬不可爲了學習知識，舍本逐末，障蔽或妨礙了本心之生物大
用。象山曰：「心不可泊一事，只自立心。人心本來無事，胡亂被
事物牽將去。若是有精神，即時便出便好，若一向去，便壞了。」
[94]陽明亦說：「爲學須有本原，須從本原上用力，漸漸盈科而進。
仙家說嬰兒亦善譬，嬰兒在母腹時，只是純氣，有何知識？出胎
後，方始能啼，既而能笑，又既而能認識其父母兄弟，又既而能
立、能行、能持、能負，卒乃天下之事無不可能。皆是精氣日足，
則筋力日強，聰明日開，不是出胎日便講求推尋得來，故須有個
本原。聖人到位天地、育萬物，也只從喜怒哀樂未發之中上養來。
後儒不明格物之說，見聖人無不知、無不能，便欲於初下手時講
求得盡，豈有此理？」[95]

---

89 《王陽明全集》冊一、頁 18。
90 《象山全集》卷三十五、語錄下、頁 4。
91 《象山全集》卷三十四、語錄上、頁 5。
92 《象山全集》卷三十五、語錄下、頁 9。
93 《象山全集》卷三十四、語錄上、頁 15。
94 《象山全集》卷三十五、語錄下、頁 19。
95 《王陽明全書》冊一、頁 12。

　　本心之生物大用並非萬靈丹，當然還是會遇到不論本心如何運轉，亦無法獲得對某必要知識之了解，致使道德行爲無法成就之情形。是以人若行有餘力，在平時仍應以本心之明爲頭腦，努力地攝取對物之知識。

　　在象山、陽明學中，就「心之發見處理會」，是知識的一個極重要的來源。就「心之發見處理會」的態度，卻爲朱子所不許。

> 傳問：「而今格物，不知可以就吾心之發見理會得否？」曰：「公依舊是要安排，而今只且就事物上格去。如讀書，便就文字上格；聽人說話，便就說話上格；接物，便就接物上格。精粗大小，都要格它。久後會通，粗底便是精，小底便是大，這便是理之一本處。而今只管要從發見處理會，且如見赤子入井，便有怵惕、惻隱之心，這個便是發了，更如何領會。若須待它自然發了，方理會它，一年都能理會得多少！聖賢不是教人黑淬淬裡守著。而今且大著心胸，大開著門，端身正坐以觀事物之來，便格它。」[96]
> 若必待見孺子入井之時，怵惕、惻隱之發而後用功，則終身無緣有此等時節也。[97]
> 下學只是放闊去做，局促在那一隅，便窄狹了。[98]

關於「就心之發現處理會」物之一義，唐君毅先生曾有說明：

> 吾人既本良知以發動一當有之行為，而吾人欲求此行為在一具體特殊之情境下，得以貫徹而達其目的，而又覺不能只循我之良知，及已有知識之運用，便能實際貫徹時；於是吾人遂暫自節其良知初所發動之行為，以安靜下來，而

96　《朱子語類》卷十五、冊一、頁286。
97　《朱子語類》卷十七、冊二、頁377。
98　《朱子語類》卷一一七、冊七、頁2832。

求對此具體情境，及如何對付此情境之進一步之知識，進
而依此知識，以規定吾以後為達此目的而當採之行為之
道。如親病，而欲達治親病之目的，遂暫節其孝心之表現
於憂慮，及侍疾之行為，而往知求親之病狀畢竟如何，以
及如何治病奉養之方，以規定吾當如何奉養之道是
也。……，吾人乃為致良知或達良知所決定之目的，而自
覺的另建立一求知識之活動，以為達此良知所決定之目的
之手段。[99]

唐先生指出，當我們發現循已有之知識，並不能成功本心之貫徹
時，我們會自節本心初所發動之道德行為，「安靜下來」，另建立
一求知識之活動，以獲取本心繼續貫徹所需之進一步的知識，並
進而依此知識，規定以後當採之行為。

　　唐君毅先生所說的「安靜下來」，牟宗三先生以「良知坎陷」
[100]稱之。何謂「良知坎陷」？牟先生在論及良知坎陷時，有時用
「知體明覺」或「自由無限心」來代替「良知」，用「辯證的開顯」
或「曲達」來代替「坎陷」，所用的詞語雖然不一，所指涉者卻是
沒有差別的。那麼「坎陷」、「曲達」或「辯證的開顯」所指為何
呢？牟先生說：

知體明覺不能永停在明覺之感應中，它必須自覺地自我否
定（亦曰自我坎陷），轉而為「知性」；此知性與物為對，
始能使物成為「對象」，從而究知其曲折之相。它必須經由
這一步自我坎陷，它始能充分實現其自己，此即所謂辯證

99　唐君毅：《中國哲學原論・導論篇》（台北：學生書局，七十五年九月全集
　　校訂版）頁 364。
100　關於牟宗三先生之良知坎陷說，請參閱拙著：〈牟宗三先生良知坎陷說之詮
　　釋〉收錄於《牟宗三先生與中國哲學之重建》（台北：文津出版社，八十五
　　年）頁 399-412。

的開顯。…… 自我坎陷以成認知的主體（知性）乃其道
德心願之所自覺地要求的。這一步曲折是必要的。經過這
一曲，它始能達，此之謂「曲達」。這種必要是辯證的必要，
這種曲達是辯證的曲達，……這樣開知性即名曰辯證的
開。[101]

它經由自我坎陷轉為知性，它始能解決那屬於人的一切特
殊問題，而其道德的心願亦始能暢達無阻。否則，險阻不
能克服，其道德心願即枯萎而退縮。易傳云：「夫乾天下之
至健也，德行恆易以知險。夫坤天下之至順也，德行恆簡
以知阻。」良知良能至簡至易，然而它未始不知有險阻。
知有險阻而欲克服之，它必須轉為知性。故知險知阻中即
含有一種辯證的申展。故其自我坎陷以成認知的主體（知
性）乃其道德心願之所自覺地要求的。這一步曲折是必要
的。經過這一曲，它始能達，此之謂「曲達」。[102]

「辯證的開顯」、「曲達」或「坎陷」，主要是指本心（或說良知、
自由無限心、知體明覺）對其明覺感應之狀態加以抑制，以轉出
「知性」來融攝物（知識）。本心若只停留在明覺感應中，知性之
作用不能充分地顯，如此是無法獲取新知識的。故本心必須對自
我明覺之狀態予以抑制，始能讓「知性」之作用充分地顯，從而
獲取需要之知識，以實現其自己。牟先生說：

知體明覺之自覺地自我坎陷即是其自覺地從無執轉為執。
自我坎陷就是執。坎陷者下落而陷於執也。不這樣地坎陷，
則永無執，亦不能成為知性（認知的主體）。它自覺地要坎
陷其自己即是自覺地要這一執。這不是無始無明的執，而

---

101 牟宗三：《現象與物自身》（台北：學生書局，七十三年八月四版）頁 122-123。
102 牟宗三：《現象與物自身》（台北：學生書局，七十三年八月四版）頁 122-123。

是自覺地要執，所以也就是「難得糊塗」的執，因而也就
是明的執，是「莫逆於心相視而笑」的執。[103]

牟先生指出，坎陷並不是盲目的、無明的，而是明的、自覺的，
唐君毅先生亦說我們是「『自覺的』另建立一求知識之活動」[104]。
本心不這樣地坎陷、這樣地執，則知性永開不出。本心如此地開
知性，即名曰坎陷、曲達或辯證的開顯。

我們所具備之知識，若已掛搭於本心之上，便成為本心明覺
感應時可運用之材質。這些知識因已與本心融而為一，故本心在
運用這些材質時，仍是處於一種與物無對之狀態，這種本心與物
無對之狀態便是「無執」。本心此種無執之狀態，我們即名之為明
覺感應。明覺感應之本心，乃以與物無對為其特性。本心在與物
無對時，無法融攝新知識。要融攝新知識，本心必須經由坎陷，
轉個方向，自陷於執，始能轉出知性，與所欲融攝之知識相對為
二，進而窮究其曲折之相。明覺感應之本心本來是無執的，它在
坎陷轉出知性時，也就由無執的狀態轉成執，知性本身本質上就
是一種執[105]。

牟先生說：「知識是良知之貫徹中逼出來的。本心在湧發時，
必然要貫徹，湧發不容已，則本心坎陷為知性亦不容已。」[106]若
在某一道德情境中，本心已具備之知識無法成功本心之貫徹，本
心如欲貫徹，是不可能不經由坎陷去融攝知識的。牟先生說：

良知既只是一個天心靈明，所以到致良知時，知識便必須

---

103 牟宗三：《現象與物自身》（台北：學生書局，七十三年八月四版）頁 123。
104 唐君毅：《中國哲學原論・導論篇》（台北：學生書局，七十五年九月全集
　　校訂版）頁 364。
105 牟宗三：《現象與物自身》（台北：學生書局，七十三年八月四版）序，頁 7。
106 牟宗三：《從陸象山到劉蕺山》（台北：學生書局，七十三年十一月再版）
　　頁 258。

含其中。知識是良知之貫徹中逼出來的。否則，無通氣處，便要窒死。良知天理自然要貫徹。不貫徹，只是物欲之間隔。若自其本性言，或吾人良知天理真實湧發時，它必然要貫徹，不待致而自致。致良知原為有物欲間隔者說。去其間隔而一旦發現出本性之真實無妄，則良知天理之真誠惻怛，或良知天理之善，自能不容已其湧發而貫徹於事事物物。其湧發不容已，則其坎陷其自己而為了別心亦不容已，蓋此即其湧發貫徹歷程中之一迴環。若缺少此一迴環，它還是貫徹不下來。一有迴環，便成知識。知識便有物對。有物對便有物之理而在外。[107]

本心（良知）的發用流行既然需要知識之配合，本心如欲貫徹，是不可能不去融攝知識的，所以牟先生說：「知識是良知（本心）之貫徹中逼出來的」。本心在真實湧發時，必然要貫徹，湧發不容已，本心之坎陷其自己為了別心（知性）亦不容已。因為對知性之要求是本心自求實現的辯證歷程中必然要肯定的，所以牟先生說坎陷有其「辯證的必然性」[108]，這種必然性也可以說是一種「實踐的必然性」[109]。

所謂本心之自我坎陷，應不是指完全取消本心明覺感應之作用。本心明覺感應之作用是一直存在的，並非忽有忽無的；同樣地，本心之認知作用又何嘗不然？故筆者認為宜以隱、顯二概念來詮釋本心之自我坎陷。本心在明覺感應時應亦有知性之作用存焉（否則如何運用已具備之知識），只是此時知性之作用是處於隱

---

107 牟宗三：《從陸象山到劉蕺山》（台北：學生書局，七十三年十一月再版）頁 258。
108 牟宗三：《現象與物自身》（台北：學生書局，七十三年八月四版）頁 123。
109 牟宗三：《圓善論》（台北：學生書局，七十四年七月初版）頁 140。

之狀態（本心之明覺感應則是處於顯之狀態）。當我們因欠缺知識
而無法成功本心之貫徹時，本心之明覺感應即自覺地由顯而隱（知
性則相對地由隱而顯），轉出或坎陷出知性以方便新知識之充分融
攝。當明覺顯、知性隱時（即明覺感應時），本心之狀態爲無執、
爲與物合一[110]；當明覺隱、知性顯（即坎陷）時，本心之狀態則
爲有執、爲與物爲二。本心要融攝知識，必自覺地由無執轉成執，
由與物無對轉成與物有對，否則知性永開不出。

　　牟先生指出，本心在融攝知識之後，最終還是得自坎陷中湧
出，會物歸心，由執再轉爲無執的：

> 吾心之良知決定此行爲之當否，在實現此行爲中，固需一
> 面致此良知，但即在致字上，吾心之良知亦須決定自己轉
> 而爲了別。此種轉化是良知自己決定坎陷其自己：此亦是
> 其天理中之一環。坎陷其自己而爲了別以從物。從物始能
> 知物，知物始能宰物。及其可以宰也，它復自坎陷中湧出
> 其自己而復會物以歸己，成爲自己之所統與所攝。如是它
> 無不自足，它自足而欣悅其自己。此入虎穴得虎子之本領
> 也。此方是融攝知識之真實義。在行爲宇宙中成就了知識
> 宇宙，而復統攝了知識宇宙。在知識宇宙中，物暫爲外，
> 而心因其是識心，是良知自己決定之坎陷，故亦暫時與物
> 而爲二。然及其會歸於行爲宇宙而爲行爲宇宙之一員，則
> 即隨行爲宇宙之統攝於良知之天心天理而亦帶進來。[111]

本心不能貫徹時必然會轉出知性以求知物、宰物，但本心不會永
停留在此坎陷之狀態，一但物爲本心所知、所宰，本心必自坎陷

---

110 本心只是默運著已掛搭於本心之上之舊知識，故仍爲無執、爲與物合一。
111 牟宗三：《從陸象山到劉蕺山》（台北：學生書局，七十三年十一月再版）
　　頁251-252。

中湧出,會物歸己,此方爲融攝知識之真實義。牟先生說:「視識心與現象爲真心之權用,則亦可說是一個『道德的形上學』而含有兩層存有論。道德的形上學不但上通本體界,亦下開現象界,此方是全體大用之學。」[112]心與物之層次原是不相同的,兩者是相異又不相關的。但本心在經由坎陷攝入知識之後,便與所攝入之知識,成爲雖相異卻又相關之關係。所謂相異,是指一爲先天、一爲後天,兩者本來不同;所謂相關,則是指知識在經由坎陷攝入本心之後,遂掛搭於本心之上,與本心融而爲一,成爲本心可以自由運用之材質。下次本心如再需要此知識,便不須經坎陷下落之過程了。

現象界即在我們道德實踐之過程中,因知識不斷地被融攝而逐步地開。已融攝入之知識,在我們面對新的道德情境時,便成爲本心可自由運用的材質。若已了解之知識無法成功本心之貫徹,本心亦可經由坎陷來融攝新知。而且本心並不會只停留在坎陷之狀態,所需知識之曲折相一但被窮盡,本心必然攝之歸己,所以知識亦得與本心一起上通本體界。現象底全部,原則上皆可間接地統攝於本心而爲其權用,故心外無物[113]。此乃儒家全體大用之學。

---

112 牟宗三:《現象與物自身》(台北:學生書局,七十三年八月四版)序,頁40。
113 牟宗三:《現象與物自身》(台北:學生書局,七十三年八月四版)序,頁40。

第六章　諸說之釐清與辨正

第一節　鵝湖之會

一、緣　起

南宋孝宗淳熙二年（1175）三月二十一日，呂伯恭由金華起程入閩訪朱子，四月一日抵朱子所居之五夫里，然後同赴寒泉精舍，共同商定近思錄。完畢之後，同遊武夷山。之後，伯恭歸，朱子送伯恭至江西信州鵝湖寺，二陸等來會，這便是歷史上有名的鵝湖之會。[1]

鵝湖之會約三日[2]，與會人員象山〈年譜〉只提朱、呂、二陸、劉子澄、趙景明、趙景昭七人，陳榮捷先生又考得有朱桴、朱泰卿、鄒斌三人[3]，此外潘叔昌等多人亦可能與會[4]。與會人員雖多，

1　鵝湖之會前，象山兄弟即與呂伯恭有來往。子壽於西元 1173 年，曾訪呂伯恭於浙江金華。關於此事，呂伯恭致朱子書有云：「子壽近過此相聚累日，亦甚有問道四方之意。」請參閱：《東萊呂太史文集》別集，卷八。翌年（1174）象山亦訪伯恭於衢州，相聚五、六日，大概亦申與朱子會面之意。請參閱：《東萊呂太史文集》別集，卷八。

2　象山年譜云三日，呂伯恭答潘叔度(景憲)書則云：「某從五月半後同朱文公出閩，下旬至鵝湖，諸公皆來，甚有議論之益，更三四日即各分手。」請參閱：《東萊呂太史文集》別集，卷十。

3　陳榮捷：《朱熹》(台北，東大圖書公司，七十九年二月初版) 頁 207。

4　陳榮捷先生指出，阿叔京、連嵩卿、蔡季通、徐文臣、范伯崇、潘叔昌、余正叔、余方叔、陳克齋等人，亦可能與會。同上，頁 207-208。

主角只是朱子、二陸與呂伯恭四人。朱子與二陸是雙方的論主，呂伯恭則是鵝湖之會的發起人。呂伯恭是朱子的至交，對象山又極為贊賞[5]，當他發現朱、陸二人講學宗旨有所不同時，自然熱心想要疏通調和。

二、文　獻

　　關於鵝湖之會，象山方面的記載，集中於〈年譜〉與〈語錄〉兩處，但並不詳備；朱子方面，則幾乎未曾提及[6]，朱子〈年譜〉的記載還是轉錄自象山〈年譜〉和〈語錄〉的。首先看象山〈語錄〉的記載：

> 呂伯恭為鵝湖之集，先兄復齋謂某曰：伯恭約元晦為此集，正為學術異同。某兄弟先自不同，何以望鵝湖之同？先兄遂與某議論致辯，又令某自說，至晚罷。先兄云，子靜之說是。次早，某請先兄說。先兄云，某無說，夜來思之，子靜之說極是。方得一詩云：「孩提知愛長知欽，古聖相傳只此心。大抵有基方築室，未聞無址忽成岑。留情傳註翻榛塞，著意精微轉陸沉。珍重友朋勤切琢，須知至樂在於今。」某云：詩甚佳。但第二句微有未安。先兄云，說得恁地，又道朱安，更要如何？某云，不妨一面起行，其沿途卻和此詩。及至鵝湖，伯恭首問先兄別後新功，先兄舉詩纔四句，元晦顧伯恭曰：子壽早已上子靜船了也。舉詩

---

5 乾道八年壬辰（1172），象山年三十四歲時應進士試，呂伯恭等為考官，見象山易卷「擊節歎賞」，讀天地之性人為貴語時「益加歎賞」，曰：「此卷超絕有學問者，必是江西陸子靜之文，此人斷不可失也。」遂中選。後來，伯恭見象山曰：「未嘗款歎足下之教，一見高文，心開目明，知其為江西陸子靜也。」可見伯恭對象山的傾心。

6 王懋竑《朱子年譜》〈考異〉云：「鵝湖之會，年譜不詳，語錄無及之者。」

罷，遂致辯於先兄。某云，途中某和得家兄此詩云：墟墓
興哀宗廟欽，斯人千古不磨心。涓流積至滄溟水，拳石崇
成泰華岑。易簡工夫終久大，支離事業竟浮沉。舉詩至此，
元晦失色。至欲知自下升高處，真偽先須辨只今。元晦大
不懌。於是各休息。翌日，二公商量數十折，議論來，莫
不悉破其說。繼日，凡致辯，其說隨屈。伯恭甚有虛心相
聽之意，竟為元晦所尼。

再看年譜三十七歲下的記載：

呂伯恭約先生與季兄復齋，會朱元晦諸公於信州之鵝湖
寺。復齋云云，見前卷三十四（按即前引語錄首段所記）。
復齋與張欽夫書云：「某春末會朱元晦於鉛山，語三日，然
皆未能無疑。」按呂成公譜：乙未四月訪朱文公於信州之
鵝湖寺，陸子靜、子壽、劉子澄，及江浙諸友皆會，留止
旬日。郭斌俊父錄云：「朱呂二公，語及九卦之序，先生因
亹亹言之。大略謂：復，是本心復處。如何列在第三卦，
而先之以履與謙？蓋履之為卦，上天下澤。人生斯世，須
先辨得俯仰乎天地，而有此一身，以達於所履。其所履有
得有失，又繫於謙與不謙之分。謙則精神渾收聚於內，不
謙則精神渾流散於外。惟能辨得吾一身、所以在天地之間、
舉錯動作之由，而收斂其精神，使之在內而不在外，則此
心斯可得而復矣。次之以常固，又次之以損益，又次之以
困。蓋本心既復，謹始克終，曾不少廢，以得其常，而至
於堅固。弘欲日以消磨而為損，天理日以澄瑩而為益。雖
涉危蹈險，所遭多至於困，而此心卓然不動。然後於道有
得，左右逢其原。如鑿井取泉，處處皆足。蓋至於此，則
順理而行，無纖毫透漏。如巽風之散，無往不入。雖密房

奧室，有一縫一罅，即能入之矣。二公大服。」朱亨道書
云：「鵝湖講道，切誠當今盛事。伯恭蓋慮陸與朱議論猶有
異同，欲會歸於一，而定其所適從。其意甚善。伯恭蓋有
志於此，語自得則未也。臨川守趙景明，邀劉子澄、趙景
昭。景昭在臨安，與先生相款，亦有意於學。」又云：「鵝
湖之會，論及教人。元晦之意，欲令人泛觀博覽，而後歸
之約。二陸之意，欲先發明人之本心，而後使之博覽。朱
以陸之教人爲太簡，陸以朱之教人爲支離。此頗不合。先
生更欲與元晦辯，以爲堯舜之前，何書可讀？復齋止之。
趙劉諸公，拱聽而已。先發明之說，未可厚誣。元晦見二
詩不平，似不能無我。」元晦書云：「某未聞道學之懿，茲
幸獲奉餘論，所恨匆匆別去，彼此之懷，皆若有未既者。
然警切之誨，佩服不敢忘也。還家無便，寫此少見拳拳。」

三、經　過

首日見面，呂伯恭問復齋別後新功，復齋舉詩纔四句，朱子
便判說復齋已上象山船。接著聽象山之詩，到第六句時，竟臉色
都變了。聽完末兩句之後，更是大不高興，於是雙方便各自休息。

第二日，朱、呂二人商量數十折與象山論辯，卻都爲象山所
破斥。

第三日繼續論辯，朱子方面隨說隨屈，呂伯恭雖欲虛心相聽，
但爲朱子所阻。第二、第三兩日的論辯內容應多，可惜已無從知
曉。

鵝湖之會論及教人，朱子之意，欲令人泛觀博覽，而後歸之
約。二陸之意，欲先發明本心，而後使之博覽。朱以陸之教人爲
太簡，陸以朱之教人爲支離。

會中象山並暢論九卦之序，使朱、呂二人大爲佩服。

此外，陳榮捷先生又考得鵝湖之會中，復齋贈朱子以新篇，也曾談及呂伯恭之書經解，二陸並稱讚曹立之的爲人，亦有討論乾、坤二卦之簡易。[7]

四、二陸鵝湖會詩所顯示的義理

（一）復齋之詩

孩提知愛長知欽，古聖相傳只此心。
大抵有基方築室，未聞無址忽成岑。
留情傳註翻榛塞，著意精微轉陸沉。
珍重友朋勤切琢，須知至樂在於今。

一、二句曰：「孩提知愛長知欽，古聖相傳只此心。」孩提知愛長知欽之心，即人人皆有之本心。孟子曰：「人之所不學而能者，其良能也；所不慮而知者，其良知也。孩提之童，無不知愛其親者；及其長也，無不知敬其兄也。」《孟子・盡心篇》此詩之第一句，即本此而言。第二句則言聖人之道自古傳至於今日者，只是這個本心。

三、四句曰：「大抵有基方築室，未聞無址忽成岑。」這二句的意思，亦是本孟子「原泉混混，不舍晝夜，盈科而後進，放乎四海，有本者若是」之義。有基、有址之後方能築室、成岑，亦猶有本、有源之後乃能放乎四海。故聖人之道必先明本心，之後乃能擴而充之也。

五、六句曰：「留情傳註翻榛塞，著意精微轉陸沉。」內聖之

---

7 陳榮捷：《朱熹》（台北，東大圖書公司，七十九年二月初版）頁 209。

學，以先明本心爲第一要義，若未能如此，只是沒個頭腦地去「留情傳註」、「著意精微」，本心反易爲知性之執所障、所蔽。

最後二句曰：「珍重友朋勤切琢，須知至樂在於今。」「在於今」三字，點出學問之至樂即在本心當下之呈現。友朋間若能切磋琢磨，使彼此之本心呈露，交相印證，以發明聖學，此是最須珍重之事，亦是人間之至樂。

（二）象山之詩

> 墟墓興哀宗廟欽，斯人千古不磨心。
>
> 涓流積至滄溟水，拳石崇成泰華岑。
>
> 易簡工夫終久大，支離事業竟浮沉。
>
> 欲知自下升高處，真僞先須辨只今。

禮記檀弓下記魯人周豐之言曰：「墟墓之間，未施哀於民而民哀；社稷宗廟之中，未施敬於民而民敬。」此即詩首句「墟墓興哀宗廟欽」之所本。人見墟墓便感悲哀，見宗廟即起欽敬。此感悲哀、起欽敬者，正是人所同有，千古不滅之本心，故第二句曰：「斯人千古不磨心」。[8]

三、四句乃本於中庸之第二十六章：「今夫山，一拳石之多，及其廣大，草木生之，禽獸居之，寶藏興焉。今夫水，一勺之多，及其不測，蛟龍魚鱉生焉，貨財殖焉。」中庸之譬喻，是承上文「天地之道，可一言而盡也。其爲物不貳，則其生物不測」之義而來。世間所有的道德價值，不過是本心不斷呈現、創造之結果。一如滄溟之水，始於涓涓之泉源；泰華之岑，起於一拳之土石。故曰：「涓流積至滄溟水，拳石崇成泰華岑。」

---

8 因爲本心人人生而有之，具有永恆之普遍性，所以不必言「傳」，因是之故，象山對復齋詩第二句「微有未安」。

　　五、六句曰：「易簡工夫終久大，支離事業竟浮沉。」此所謂「易簡」是直接依易繫辭傳上「乾知大始，坤作成物。乾以易知，坤以簡能。易則易知，簡則易從」之義而說。乾坤是萬化之源。乾，是創造原則，無心成化，故其知也易；坤，是終成原則，簡而不繁，故其從也易。此簡易之本源，就超越面說，是乾坤；就內在面而說，便是本心。本心這個簡易之本源必先挺立，道德之創造乃能久、能大。否則，若只是沒個頭腦地從事「留情傳註」、「著意精微」等，便成支離，而與內聖之學成為兩不相干。

　　最後二句曰：「欲知自下升高處，真偽先須辨只今。」象山指出內聖之學的真偽之分，自下升高之關鍵，就在是否能辨識當下呈現之本心。

　　綜觀二陸之詩，可以看出是本《孟子》立言，並兼及《中庸》、《易傳》之義，此與先秦儒家內聖成德之學的中心義旨，是相應而無所乖違的，但朱子聞之卻「失色」、「大不懌」。朱子之所以如此的原因，可能有如下數點：

　　1.雙方思想與為學進路本來即有差異，此是朱陸不契最為根本之原因。

　　2.復齋詩「留情傳註翻榛塞，著意精微轉陸沉。」實是針對朱子學之弊病而發的。象山詩「易簡工夫終久大，支離事業竟浮沉。欲知自下升高處，真偽先須辨只今。」除指出朱子學支離之外，更將朱子學判為「下」、判為「偽」。朱子曾曰：「渠兄弟今日豈易得？但子靜似猶有些舊來意思，聞其門人說子壽言其雖已轉步而未曾移身，然其勢久之亦必自轉。回思鵝湖講論時，是甚氣勢？今何止什去七八耶？」[9]鵝湖之會時，象山英年氣盛，不免予

----

9 《朱子大全》卷三十四、冊四、頁26-27。

朱子以言詞態度上之刺激。同時對於朱子方面的意思，象山亦可能粗心浮氣而未能平心予以分疏，此亦是朱陸不契之原因。

　　3.朱子未與二陸見面前，即風聞象山似有「脫略文字，直趨本根之意」[10]。朱子答呂伯恭弟呂子約書云：「近聞陸子靜言論風旨之一二，全是禪學，但變其名號耳。競相祖習，恐誤後生，恨不識之，不得深扣其說，因獻所疑也。然想其說方行，亦未必肯聽。」[11]朱子心中一直想著象山是禪學，有此先入爲主之遐想，形成自家心中之禁忌，連帶地對象山所提出之義理，亦遂漫忽而未能正視。

五、鵝湖會後

（一）彼此之來往

鵝湖會後，朱陸尚有許多來往。

　　淳熙四年（1177），象山繼母卒，二陸以函致朱子問喪禮。

　　淳熙五年（1178），朱子過鉛山，復齋訪之，互談《論語》、《中庸》與《小學》學規三日。朱子返閩後，寄來鵝湖之會的和詩。

　　淳熙七年（1180）朱子知南康軍，六月有書致呂伯恭云：「子壽兄弟得書，子靜約秋涼來遊廬阜。」[12]又一書云：「二陸後來未再得信，救荒方急，未暇遣人問之，子靜欲來遊山，聞此中火色如此，又未知能來否耳？」[13]同年九月，復齋卒，象山取消廬山之遊。復齋死後，象山請呂伯恭撰墓誌銘並請朱子書之。朱子致

10　《朱子大全》卷四十七、冊六、頁20。
11　《朱子大全》卷四十七、冊六、頁21。
12　《朱子大全》卷三十四、冊四、頁26。
13　《朱子大全》卷三十四、冊四、頁28。

呂伯恭書云：「子靜書云已求銘於門下，又屬熹書之，此不敢辭。」[14]朱子有祭復齋文云：「念昔鵝湖之下，實云識面之初，……厭世學之支離，新易簡之規模。」[15]

　　淳熙八年（1181），象山訪朱子於南康，登白鹿洞書院講「君子喻於義，小人喻於利」一章。同年冬天，朱子奏事延和殿。象山有書云：「元晦聞已起行入奏事，江西可謂德星聚也。」[16]

　　淳熙十年（1183）九月朱子去浙東任歸崇安，有書致象山云：「歸來臂痛，病中絕學捐書，卻覺得身心收管，似有稍進處。向來汎濫，真不濟事，恨未得款曲承教，盡布此懷也。」[17]此書只見《象山全集》。同年（1183）曹立之卒。朱子為撰墓銘云：

> 聞張敬夫講道湖湘。欲往見之，不能致。有告以沙隨程氏學古行高者，即往從之，得其指歸。既又聞陸氏兄弟獨以心之所得者為學。其說有非文字言語之所及者，則又往受其學，久而若有得焉。子壽蓋深許之，而立之未敢以自足也。……後至南康（從朱子），乃盡得其（張敬夫）遺文，以考其為學始終之致。於是嘖然歎曰：「吾平生於學無所聞而不究其歸者，而今而後，乃有定論而不疑矣。」[18]

朱子自認是「據實直書」[19]，以曹表寄象山。象山復書云：「立之墓表亦好，但敘履歷，亦有未得實處。」[20]

　　淳熙十二年（1185），象山門人劉淳叟、包顯道、傅夢泉等訪朱子。對此事朱子曰：「因其徒來此，狂妄凶狠，手足盡露。自此

14　《朱子大全》卷三十四、冊四、頁32。
15　《朱子大全》卷八十七、冊十、頁11。
16　《象山全集》卷九、與王謙仲書、頁1。
17　此書只見《象山全集》卷三十六、年譜、頁12。
18　《朱子大全》卷九十、冊十、頁8。
19　《朱子大全》續集、卷四、冊十二、頁2。
20　《象山全集》卷七、與朱元晦、頁4。

乃始顯然鳴鼓攻之，不復爲前日之唯阿矣。」[21]朱、陸兩門日漸決裂，殆自此始。

　　淳熙十四年（1187），朱子除（差）江南西路提點刑獄公事，象山貽書云：

> 朝廷以旱嘆之故，復屈長者以使節。倘肯俯就，江西之民，一何幸也？冬初許氏子來，始得五月八日書，且闓令小娘竟不起。諒惟傷悼。前月來又得五月二日書，開慰之劇。某不消，禍釁之深，仲兄子儀中夏一疾不起。前月末甫得襄事。七月末喪一幼稚三歲，乃擬為先教授兄後者。此文喪一姪孫女。姪婿張輔之抱病累月，亦以先兄襄事之後長往。痛哉！禍故重仍，未有甚於此者。觸緒悲摧，殆所不堪。某舊有血疾，二三年寖劇。近又轉而成痔，良以為苦，數日方少瘳矣。

淳熙十五年（1188），有太極之辯。

　　淳熙十六年（1189），朱子除江南東路轉運副使，朱子欲辭，象山勸之曰：「外臺之際，豈所以處耆德？殆新政起賢之兆耳。……願尊兄勉致醫藥，俯慰輿情。縱筋力未強，但力疾臥護，則精神折衝者，亦不細矣。」[22]

　　紹熙三年（1192）朱子致象山書曰：「去歲辱惠書慰問，即附狀致謝。其後聞千騎西去，相望益遠，無從致問，……歸來建陽，失於計度，作一小屋，期年不成。勞苦百端，欲罷不可。……近著幸示一二，有委併及。」[23]同年（1192）十二月十四日象山卒[24]，

21　《朱子大全》卷五十、冊六、頁 30。
22　《象山全集》卷十三、與朱元晦、頁 8。
23　此書只見《象山全集》卷三十六、年譜、頁 24。
24　陽曆爲西元一一九三年正月十八日。

朱子率門人往寺中哭之。

　　此是鵝湖之會後，朱、陸之來往。另在思想義理方面，雙方亦不斷地互有評論。

（二）會後之論學

　　對鵝湖之會，朱子曾致書二陸云：「所恨忽忽別去。彼此之懷，皆若有未既者，然警切之誨，佩服不敢忘。」[25]另與王子合書亦提到鵝湖「講論之間，深覺有益。」[26]鵝湖之會後數月，朱子有致張敬夫書云：「子壽兄弟氣象甚好，其病卻在盡廢講學而專務踐履，卻於踐履之中要人提撕省察，悟得本心，此為病之大者。要其操持謹質，表裏不二，實有以過人者。惜乎其自信太過，規模窄狹，不復取人之善，將流於異學而不自知耳。」[27]呂伯恭答邢邦用書亦云：「講貫誦繹，乃百代為學通法。學者緣此支離泛濫，自是人病，非是法病。見此而欲盡廢之，正是因噎廢食。」[28]

　　淳熙五年（1178），朱子過鉛山，復齋訪之。朱子返閩，寄和詩云：

　　　　德義風流夙所欽，別離三載更關心。（德義風流，或作德業流風）

　　　　偶扶藜杖出寒谷，又枉藍輿度遠岑。

　　　　舊學商量加邃密，新知涵養轉深沉。（涵養，或作培養）

　　　　卻愁說到無言處，不信人間有古今。[29]

由詩文可知朱子之即物窮理工夫益加邃密深沉，唯仍不契於象山易簡之工夫入路，且對象山盡廢讀書之誤解仍在，仍愁象山「說

25　此書只見《象山全集》卷三十六、年譜、頁10。
26　《朱子年譜》卷二。
27　《朱子大全》卷三十一、冊四、頁16。
28　《東萊呂太史文集》別集、卷十、答邢邦用書、頁22。
29　《朱子大全》卷四、冊一、頁10。

到無言處，不信人間有古今」。

　　同年，朱子有多封書信提及象山似已察知鵝湖之說有誤。朱子致呂伯恭書云：「子靜近得書。其徒曹立之者來訪，氣質儘佳，亦似知其師說之誤，持得子靜近答渠書與劉淳叟書，卻說人須是讀書議論。然則自覺其前說之誤矣，但不肯翻然說破今是昨非之意，依舊遮前掩後，巧爲詞說，只此氣象，卻似不佳耳。」[30]又曰：「子壽學生又有興國萬人傑字正純者亦佳，見來此相聚，云子靜卻教人讀書講學，亦得江西朋友書亦云然，此亦皆濟事也。」[31]又曰：「渠兄弟今日豈易得？但子靜似猶有些舊來意思，聞其門人說子壽言其雖已轉步而未曾移身，然其勢久之亦必自轉。回思鵝湖講論時，是甚氣勢?今何止什去七八耶?」同時朱子亦自省曰：「近來自覺向時工夫，止是講論文義，以爲積集義理，久當自有得力處，卻於日用功夫，全少點檢。諸朋友往往亦只如此做工夫，所以多不得力。今方深省而痛懲之，亦願與同志勉焉。幸老兄遍以告之也。」[32]

　　淳熙八年（1181）二月，象山訪朱子於南康。《象山全集》記載此事甚詳：

　　　　時元晦爲南康守，與先生泛舟樂曰，「自有宇宙以來，已有此溪山，還有此佳客否？」乃請先生登白鹿洞書院講席。先生講君子喻於義，小人喻於利一章，畢乃離席。言曰，「熹當與諸生共守，以無忘陸先生之訓。」再三云「熹在此不曾說到這裏，負愧何言？」乃復請先生書其說。先生書講義。尋以講義刻於石。先生云，「講義述於當時，發明精神

30　《朱子大全》卷三十四、冊四、頁 17-18。
31　《朱子大全》卷三十四、冊四、頁 26-27。
32　《朱子大全》卷四十四、冊五、頁 31。

不盡。」當時說得來痛快，至有流涕者。元晦深感動。天
氣微冷而汗出揮扇。[33]

朱子曰：「陸氏會說，其精神亦能感發人。」[34]又曰：「近世所見
會說話，說得響，令人感動者，無如陸子靜。」[35]

　　淳熙十年（1183）九月朱子去浙東任歸崇安，有書致象山曰：
「歸來臂痛，病中絕學捐書，卻覺得身心收管，似有稍進處。向
來汎濫，真不濟事。恨未得款曲承教，盡布此懷也。」[36]

　　淳熙十五年（1188）有太極之辯。象山謂朱子「文辭繳繞，
氣象褊迫，其致辨處，類皆遷就牽合，甚費分疏。……揣量模寫
之工，依放假借之似。其條畫足以自信，其習熟足以自安。」[37]措
詞強硬。朱子覆書云：「今以鹵淺之心，挾忿懟之氣，……先立一
說，務要突過。……各尊所聞，各行所知亦可矣，無復可望於必
同也。」[38]象山答書不滿二百字，太極之辯，至此而止。「有學者
因無極之辯，貽書詆先生（象山）者，晦庵復其書云：『南渡以來，
八字著腳，理會著實工夫者，惟某與陸子靜二人而已。某實敬其
為人，老兄未可以輕議之也。』」[39]太極之辯後，朱子與象山尚往
來書札數通，慰問私情而已。

　　紹熙三年（1192）十二月十四日象山卒[40]，朱子率門人往寺
中哭之。既罷，良久，曰：「可惜死了告子。」[41]《象山全集》與

33　《象山全集》卷三十六、年譜、頁 11。
34　《朱子語類》卷一二四、冊八、頁 2975。
35　《朱子語類》卷九十五、冊六、頁 2458。
36　《象山全集》卷三十六、年譜、頁 12。
37　《象山全集》卷二、與朱元晦書二、頁 9。
38　《朱子大全》卷三十六、冊四、頁 15-16。
39　《象山全集》卷三十六、年譜、頁 21。
40　陽曆為西元一一九三年正月十八日。
41　《朱子語類》卷一二四、冊八、頁 2979。

王懋竑《朱子年譜》均未載此事。《朱子語類》原註謂：「此說得之文卿。」[42]此應是朱子發言坦白，毫不忌諱。

　　由上可知，朱陸自鵝湖之會後，音訊不斷，其間並互有讚賞與批評。朱子稱讚象山「操持謹質」、「表裏不二」、「持守可觀」、「精神能感發人」，象山亦以朱子爲「泰山喬嶽」[43]。但二人在思想義理與爲學進路之主張上，差異仍大，且此差異終二人之一生亦未能調和，甚可惜也。

　　象山因肯認本心本有踐德大能與生物大用，故主張先立其大、先明本心，以充分保全本心本有之踐德知能。除了先立其大、先明本心之外，當然亦可即物窮理，積累後天之踐德知能。但因即天下之物窮其理易形成知性之執，所以象山主張應先立其大，先求有本心之明爲即物窮理之頭腦，故對知性活動有一自覺之抑制。象山這種對於知識，一面求之（道德行爲之後天材質成素焉可不求），一面又加以限制（因知性之執會障蔽本心）之態度，朱子甚不欣賞，朱子曰：「……子靜近答渠書與劉淳叟書，卻說人須是讀書議論。然則自覺其前說之誤矣，但不肯翻然說破今是昨非之意，依舊遮前掩後，巧爲詞說，只此氣象，卻似不佳耳。」[44]朱子對象山心中閃爍之智慧，實甚隔閡，象山亦無法清楚地說出，因而朱子最後仍判定象山學爲禪學式之「盡廢講學」，斷言象山「將流於異學而不自知耳。」[45]

---

42 文卿即竇從周也，請參閱：《朱子年譜》〈考異〉卷三。
43 《象山全集》有云：「一夕步月喟然而歎。包敏道（包遜）侍，問曰：『先生何歎？』曰：『朱元晦泰山喬嶽，可惜學不見道，枉費精神，遂自擔閣。奈何？』包曰：『勢既如此，莫若各自著書以待天下後世之自擇。』忽正色厲聲曰：『敏道敏道！恁地沒長進，乃作這般見解？且道天地間有個朱元晦陸子靜，便添得些子？無了後，便減得些子？」請參閱《象山全集》卷三十四、語錄上、頁 15。
44 《朱子大全》卷三十四、冊四、頁 17-18。
45 《朱子大全》卷三十四、冊四、頁 17-18。

　　朱子認爲性理（心之體）是「不可言」、「無形影」、「不可說」的，只能以後天溯情逆知之方式來加以掌握，本心性體之「活動義」（踐德大能）與「創造義」（生物大用），在朱子學中遂泯沒而不見。朱子既不承認本心本有踐德大能與生物大用，故不得不另覓踐德知能之來源，其所思得之實踐工夫最主要者乃即物窮理也。

　　象山則認爲朱子之即物窮理，沒個頭腦，往往一任知性汎濫，非但不足以形成充足之踐德知能，反而「揣量模寫之工，依放假借之似，其條畫足以自信，其習熟足以自安。」[46]即物窮理所產生之知性之執，往往會使人深陷其中無法自拔，終將遮蔽、阻礙本心之流行發用也。

　　朱子曾撰《喜晴》詩曰：「川源紅綠一時新，暮雨朝晴更可人。書冊埋頭何日了，不如拋卻去尋春。」象山聞之色喜曰：「元晦至此有覺矣，可喜也。」[47]鵝湖之會後朱子雖自覺曰：「向來汎濫，真不濟事。」「近來自覺向時工夫，止是講論文義，以爲積集義理，久當自有得力處，卻於日用功夫，全少點檢。諸朋友往往亦只如此做工夫，所以多不得力。今方深省而痛懲之，亦願與同志勉焉。」[48]但終其一生仍只是「轉步而未曾移身」也。

第二節　尊德性與道問學

　　黃宗羲曰：「先生（象山）之學，以尊德性爲宗。謂先立乎其大，而後天之所以與我者，不爲小者所奪。……紫陽（朱子）之

46　《象山全集》卷二、與朱元晦書二、頁9。
47　《象山全集》卷三十六、年譜、頁20。
48　《朱子大全》卷四十四、冊五、頁31。

學，則以道問學爲主，謂格物窮理，乃吾人入聖之階梯。」其子百家（壯年）沿之，曰：「陸主乎尊德性，謂先立乎其大，則反身自得，百川會歸矣。朱主乎道問學，謂物理既窮，則吾知自致，瀚霧消融矣。」[49]關於朱陸異同，世人有尊德性、道問學之分。《象山全集》載：「或謂先生（象山）之學是道德性命，形而上者，晦翁之學是名物度數，形而下者。學者當兼二先生之學。先生云，『足下如此說晦翁，晦翁未伏。晦翁之學，自謂一貫，但其見道不明，終不足以一貫耳。』」[50]象山認爲朱子亦重德性，只是因朱子採即物窮理之實踐進路，不免失之毫釐，差以千里也。

　　鵝湖之會後的第八年，朱子與項平甫書有云：「大抵子思以來，教人之法，尊德性、道問學，兩事爲用力之要。今子靜所說是尊德性，而某平日所聞，卻是道問學上多。所以爲彼學者，多持守可觀，而看道理全不仔細。而熹自覺於道理上不亂說，卻於緊要事上多不得力。今當反身用力，去短集長，庶不墮一邊耳。」象山聞之曰：「朱元晦欲去兩短合兩長，然吾以爲不可。既不知尊德性，焉有所謂道問學。」[51]

　　依朱子之見，「尊德性」與「道問學」兩事不可偏廢，不可墮於一邊。朱子平日重「道問學」，但「尊德性」面弱；象山則反之。就「尊德性」言，象山長，朱子短；就「道問學」言，朱子長，象山短。朱子與象山兩人皆有所長，但亦有所短，不免各墮一邊，故兩人皆應去己之短、集人之長，以不墮一邊耳。

　　爲探討之方便，我們可先對道問學做一簡別。蔡仁厚先生指出：「蓋道問學，有與尊德性相干的道問學：第一義的道問學；亦

49　《宋元學案》卷五十八、象山學案。
50　《象山全集》卷三十四、語錄上、頁19。
51　《象山全集》卷三十六、年譜、頁12。

有與尊德性不相干或很少相干的道問學：第二義的道問學。」[52]第一義道問學所重者，乃有助於尊德性之知識。但道問學之範圍甚廣，一般的外在知解、客觀研究、文字理會，乃至科學知識等，亦可以有道問學，只不過此是第二義之道問學。

　　「尊德性」與「道問學」兩者是否不可偏廢？若此處之道問學是指第一義之道問學，則此命題應可成立。蓋第一義道問學所欲求取者，乃有助於尊德性之知識，吾人可稱此類知識為道德行為之後天材質成素。我們的一切道德行為都必須有材質成素為其補充。這類知識並非內含於本心自身，而是要知之於外物而待學的。所以牟宗三先生說：「每一行為實是行為宇宙與知識宇宙兩者之融一。」[53]與尊德性相對者，行為宇宙也；與道問學相對者，知識宇宙也。道德行為既是兩者之融一，尊德性與道問學不可偏廢，乃理之當然耳。但若此處之道問學是指第二義者，則此命題即無由成立。第二義之道問學固有其價值，可使人成為學問家、思想家、科學家等，但就內聖之學而言，第二義之道問學不甚重要。況且第二義之道問學因多採知之進路，故極易形成知識習氣，造成本心生物大用之障蔽。故第二義道問學若學之不以方，尚且可能不利於道德實踐。

　　「尊德性為象山長處，朱子短處。」此命題應無問題。

　　至於「道問學為朱子長處，象山短處。」若所指之道問學是第二義者，則此命題亦可成立。在思想之開發上，象山遠不及朱子也。故在太極之辯上，象山是失敗者，朱子認為象山「看道理全不仔細」。就第二義之道問學而言，象山短、朱子長，此應無庸

52　蔡仁厚：《宋明理學・南宋篇》（台北：學生書局，八十二年）頁 265。

53　牟宗三：《從陸象山到劉蕺山》（台北：學生書局，七十三年十一月再版）頁 250。

置疑。但內聖之學所需之道問學卻非第二義之道問學。就內聖之
學而言，第二義之道問學不但不甚重要，學之不以方甚且可能造
成本心踐德知能之障蔽，故應由第二義進至第一義也。象山曰：
「讀書不必窮索，平易讀之，識其可識者，久將自明，毋恥不知，
子亦見今之讀書、談經者乎？歷敘數十家之旨，而以己見終之，
開闔反覆，自謂究竟精微，然試探其實，固未之得也，則何益哉？」
[54]陽明亦曰：「致良知是學問大頭腦，是聖人教人第一義。今云
專求之見聞之末，則是失卻頭腦，而已落在第二義矣。」[55]一友
問：「讀書不記得如何？」先生（陽明）曰：「只要曉得，如何要
記得？要曉得已是落第二義了，只要明得自家本體。若徒要記得，
便不曉得。若徒要曉得，便明不得自家的本體。」[56]朱子之即物
窮理，正是常滯於第二義道問學而不易前進者也。就內聖之學所
需之第一義道問學而言，朱子之智慧反不及象山也。

　　象山曰：「既不知尊德性，焉有所謂道問學。」象山並未回答
自己是否於道問學有缺，只謂若不知尊德性，則亦無道問學可言。
科學家、事業家、政治家等所成就之學問、事業，亦可有其獨立
之價值。就這方面說，不知尊德性，亦可以有道問學（第二義）。
象山是扣緊內聖之學而立說，故未充分慮及第二義道問學也。但
是話又說回來，若科學家、事業家、政治家等不知尊德性，其所
成就之學問、事業亦無法有真實而圓滿的價值，此所以「利用、
厚生」必先「正德」也。在此意義上亦可言「既不知尊德性，焉
有所謂道問學。」象山所說，雖不免有疏略，但其深慧卓識，不
可掩也。

54　《象山全集》卷三十五、語錄下、頁 29。
55　《王陽明全書》冊一、頁 58-59。
56　《王陽明全書》冊一、頁 86。

再者，朱子之短應以象山之長補強之——對此象山當無異議。只不過象山之「尊德性」是要直下肯認本心，而朱子「反身用力」之方，主要恐仍只是「量」之增加，而非「質」之改變，故其欲去短集長，亦不得要領也。

最後，象山之短是否應以朱子之長補強之？對此象山並不認同，象山曰：「朱元晦欲去兩短合兩長，然吾以爲不可。既不知尊德性，焉有所謂道問學？」若就第二義之道問學而言，象山固不如朱子，但內聖之學所需之道問學並非第二義而是第一義者，朱子在第一義道問學上並未長於象山，欲以己之短補人之長，此殆無可能也。

第三節　博與約（太簡與支離）

《象山全集》〈年譜〉三十七歲下，錄有朱亨道一段記語，言及博與約（太簡與支離）：「鵝湖之會，論及教人。元晦之意，欲令人泛觀博覽，而後歸之約。二陸之意，欲先發明人之本心，而後使之博覽。朱以陸之教人爲太簡，陸以朱之教人爲支離……。」復齋亡後，朱子以文祭之曰：「念昔鵝湖之下，實云識面之初。厭世學之支離，新易簡之規模。」亦提及支離與易簡。易簡（太簡）與支離實是鵝湖之會爭論的焦點。象山以朱子「留情傳註」、「著意精微」爲支離，朱子則以象山「先立其大」、「先明本心」爲太簡。

太簡是朱子語，象山只言易簡。易簡不是方法上的泛言，而是就易繫辭傳「乾以易知，坤以簡能」而說。乾坤是萬化之源，乾坤這個易簡的本源，落於主體便是本心。本心本有之踐德知能，

先立其大，學問便有個頭腦、有個把柄。故易繫辭傳曰：「易簡則天下之理得矣。」不先立其大，讀書博學每每落於外在知解上而與道德實踐不相干。「支離」是單就「不能相應道德實踐」而言，並非泛指博文爲支離。不相干的博學，對內聖之學而言，只是與生命脫節的空議論，只是外在的閒知識，故象山常責人「粘牙嚼舌」、「起爐作灶」、「杜撰立說」、「無風起浪」、「平地起土堆」也。

朱子則認爲爲學首應泛觀博覽，待積得眾理，豁然貫通之後，「眾物之表裏精粗無不到，而吾心之全體大用無不明矣。」如此方眞能歸之約。朱子對象山最大之不滿，就是象山捨即物窮理而言其他。朱子曰：「今江西諸人之學，只是要約，更不務博。本來雖有些好處，臨事盡是鑿空杜撰。」[57]朱子上孝宗劄子云：「爲學之道，莫先於窮理；窮理之要，必在於讀書。」朱子因不承認本心本有之踐德知能，故將實踐之重心置於即物窮理，其中又以讀書爲首要。朱子上光宗疏云：「居敬持志，爲讀書之本；循序致精，爲讀書之法。」朱子之讀書並非漫無目的的，而是要約之於身；博覽亦非漫無方法，而是要循序致精。雖然讀書要約之於身、循序致精，但因朱子以天下之物爲窮理之範圍，故仍不免現「泛觀博覽」相也。

朱子固然側重讀書，象山亦未嘗不教人讀書。象山曰：「人謂某不教人讀書，……何嘗不讀書來？是比他人讀得別些了。」[58]讀書可積累後天之踐德知能，此對道德實踐亦爲助不少，故象山並不反對讀書也。象山曰：「某何嘗不教人讀書？不知此後煞有甚事？」[59]「大綱提掇來，細細理會去。」[60]「前言往行，所當博識，

57　《朱子語類》卷一二〇、冊七、頁 2914。
58　《象山全集》卷三十五、語錄下、頁 12。
59　《象山全集》卷三十五、語錄下、頁 29。
60　《象山全集》卷三十五、語錄下、頁 3。

古今興亡治亂，是非得失，亦所當廣覽而詳究之。」[61]「學問於大本既正，而萬微不可不察。」[62]「須是下及物工夫，則隨大隨小有濟。」[63]象山甚至還說：「後生唯讀書一路」。象山責備包顯道輕忽讀聖賢書，說是「可謂奇怪」，又以「束書不觀，游談無根」[64]為學者之大病。象山自己更是勤勉為學：「某皆是逐事逐物，考究練磨，積日累月，以至如今。不是自會，亦不是別有一竅子，亦不是等閒理會，一理會便會，但是理會與他人別。某從來勤理會，長兄每四更一點起時，只見某在看書，或檢書，或默坐。常說與子姪以為勤，他人莫及。今人卻言某懶，不曾去理會，好笑。」[65]所以象山並不輕忽讀書也。

在讀書方面，象山自謂「比他人讀得別些了」、「理會與他人別」。此與他人不同之處，就是象山深知讀書亦有可能會形成一種知性之執，造成本心生物大用之遮蔽。故在讀書時，象山時時戒慎恐懼，深自省察。務求所攝入之知識，非但不會遮蔽本心之明，且皆直接掛搭於本心之上，而有本心之明為其頭腦也。此種與心無對之知識，不但不會造成本心之負擔，而且因有本心之明為其頭腦，故臨事時本心可自由運用之以發揮生物之大用也。只不過與朱子泛觀博覽式之讀書相較，象山因對知識之攝取自設限制（不可造成知性之執，障蔽本心之明），故不免現一「約」相，而給人「束書不觀」、「絕學捐書」、「盡廢讀書」、「脫略文字」之印象。

象山曰：「學者須是打疊田地淨潔，然後令他奮發植立。若田

61　《象山全集》卷十二、與陳正己書、頁5。
62　《象山全集》卷三十五、語錄下、頁34。
63　《象山全集》卷三十五、語錄下、頁4。
64　《象山全集》卷三十四、語錄上、頁18。
65　《象山全集》卷三十五、語錄下、頁24。

地不淨潔,則奮發植立不得。古人為學即讀書然後為學可見,然田地不淨潔,亦讀書不得。若讀書,則是假寇兵、資盜糧。」[66]象山與朱子兩人真正不同之處,在於象山深知若不先立其大,無個頭腦,則讀書反易形成知性之執,障蔽本心,使本心本有之踐德知能無法呈現起用。此時未蒙其利,先受其害,得不償失也。唐先生說:

> 吾人如能對於任何知識之形成,皆不加以執著,則吾人時時有一新知識,並時時形成一現在之思想活動之方向,卻並不形成固定的執著的思想方向。此乃由於我們時時皆能自覺確有其他思想之方向,與之並在。由此而吾人之不執著的心靈,即可謂為真正的同時統攝諸相異或對反之思想之方向,而常位居其上,而無所偏倚之心靈。吾人現在之此心靈,能當下一念,無所偏倚,亦即使吾人在未來之情境,欲當機運用此諸知識時,能自由的用其所當用,而不致因今所偏倚所執著之知識之形成習氣,以礙得吾人「用其所當用」之其他知識,而表現智慧者。[67]

象山學固然要讀書、明理,但亦求對任何知識之形成,皆不加以執著也。所以象山之讀書是在保有本心之明的前提下為之的,不盲目、亦不強探力索。關於此意,象山有許多話語足資參考:「大抵讀書,訓詁既通之後,但平心讀之,不必強加揣量…或有未通處,姑缺之無害。且以其明白昭晰者,日夕涵泳,則自然日充日明,後日本原深厚,則向來未曉者,將亦有渙然冰釋者矣。〈告子〉一篇,自牛山之木嘗美矣以下,可常讀之。其浸灌培植之益,當

---

66 《象山全集》卷三十五、語錄下、頁23。

67 唐君毅:《道德自我之建立》(台北:學生書局,七十二年七月六版)附錄,頁95。

日深日固也。其卷首與告子論性處,卻不必深考,恐其力量未到,則反惑亂精神,後日不患不通解也。此最是讀書良法。」[68]「先生云:『學者讀書,先於易曉處,沉涵熟復,切己致思,則他難曉者,渙然冰釋矣。若先看難曉處,終不能達。』舉一學者詩云:『讀書切戒在荒忙,涵詠工夫興味長,未曉莫妨權放過,切身須要急思量;自家主宰常精健,逐外精神徒損傷,寄語同遊二三子,莫將言語壞天常。』」[69]

象山認為人能先立其大,讀書才能切己受用,若缺少這段工夫,「雖日日博學之、審問之、慎思之、明辨之、篤行之,然不知博學個什麼?審問個什麼?慎思個什麼?明辨個什麼?篤行個什麼?」本心不明,縱博覽群書,亦與自家生命不相干。先明本心,讀書才有個頭腦,此時讀書只是本心的一個印證,此即象山所謂「學苟知本,六經皆我註腳」之意。象山與朱濟道書曰:「誠能立乎其大者,則區區時文之習,何足以汩沒尊兄乎?」[70]又宜章縣學記亦曰:「從事場屋,今所不免。苟志於道,是安能害之哉?」[71]能先立其大,小者便不可奪也。象山通過讀書所欲求取者,乃有助於本心呈現之種種後天材質。象山曰:「所謂讀書,須當明物理,揣事情,論事勢。」[72]一日,復齋問他在何處做工夫,象山回答曰:「在人情、事勢、物理上做些工夫。」[73]象山讀書之最終目的只在求實理、實事之朗現也。

朱子因不承認本心本有之踐德知能,所以在事前之即物窮

---

68 《象山全集》卷七、與邵中孚書、頁 2-3。
69 《象山全集》卷三十四、語錄上、頁 10。
70 《象山全集》卷十一、與朱濟道書、頁 1。
71 《象山全集》卷十九、宜章縣學記、頁 4。
72 《象山全集》卷三十五、語錄下、頁 9。
73 《象山全集》卷三十四、語錄上、頁 5。

理，在朱子學中極爲重要，此乃道德行爲成敗之生死關。若在某一道德情境前未積累足夠之知能，則無異於宣告此一道德行爲必無成就之可能，如此焉可不在事前努力去即物窮理？因吾人無法預知未來將遇何種道德情境，因而朱子學格物之對象只能定爲天下之物。即天下之物窮眾理具於心，以備不時之需，如此之爲學進路，欲不支離也難。不止象山批評朱子支離，就連朱子有時亦覺得自己是支離。他與呂子約書云：「向來是誠是太涉支離，蓋無本以自立，則事事皆病耳。」與象山書云：「熹衰病日侵，……所幸邇來日用工夫，頗覺有力，無復向來支離之病。」[74]朱子曰：「陸子靜門人，類能卓然自立，相見之次，便毅然有不可犯之色。自家一輩朋友又覺不振，一似忘相似，彼則又似助長。」[75]朱子常歎象山門下「多持守可觀」，而自己這邊「卻於緊要事上多不得力」。雖曾歎之，終亦未悟也。

74　《朱子大全》卷三十六、冊四、頁 7。
75　《朱子語類》卷一一三、冊七、頁 2751。

第七章 結 論

第一節 本文研究所得

竊不自揆，謹列舉本文若干研究成果如下：

一、朱子在談論其思想中之重要義理時，於文句上時有歧義。這主要是因朱子立說之範圍涵蓋由「不離」至「不雜」之整個辯證歷程，朱子又經常未言明他是在何脈絡下（不離或不雜）言及某一思想所致。這些文句上之歧義，往往造成理解朱子學之困難。本文對朱子學之「不離說」與「不雜說」加以簡別。在言及「性」時，朱子有「本然之性」與「氣質之性」之不同說法，本然之性是「不雜說」，氣質之性則是「不離說」；在言及「性與理」之關係時，朱子有「性即理」與「性不即是理」之不同說法，性即理是「不雜說」，性不即是理則是「不離說」；關於「心」，朱子有「心之體」與「氣心」之不同說法，心之體是「不雜說」，氣心則是「不離說」；在言及「心與性」之關係時，朱子有「心性是一」與「心性不是一」之不同說法，心性是一是「不雜說」，心性不是一則是「不離說」；在言及「心與理」之關係時，朱子有「心與理一」與「心與理二」之不同說法，心與理一是「不雜說」，心與理二則是「不離說」。在言及「心具理」時，則有「本具」與「攝具」之不同解釋，本具是「不雜說」，攝具則是「不離說」。簡別完了之後，筆者再論證朱子學應以「不離說」爲主而論之。二部工作完成，

煙霧已除，朱子學前後一貫、表裏一致之原貌即清楚地浮現。

　　二、本文指出朱子學步步下落之關鍵—朱子認爲對於性體只能溯情逆知，朱子對性體無親切之體會，乃其歧出之首因。朱子不知性體本有之踐德動力可有其隱默之表現，處於隱默狀態之性體固不足以成就一道德行爲，但若有適當之實踐工夫，喚之、醒之，則性體本有之踐德動力即可由隱默而彰顯。朱子只見心之發恆有不善，遂以爲性體本無踐德之動力，性體之活動義遂泯沒而不見。此外，朱子亦不識本心本有之生物大用。朱子既以性體爲不具踐德大能與生物大用，故不得不另覓踐德動力與知識之來源，其所思得之主要實踐工夫乃即物窮理也。朱子將即物窮理的對象定爲天下之物，即天下之物窮其理，往往使得本心本有踐德知能之遮蔽益深、益重也。朱子對道德行爲形式與材質成素之分際不清，不知材質成素固須求之於外，形式成素則只能內求。朱子將形式、材質二者含混化，主張一律須即物而求，如此造成道德之理的混淆。通過即物窮理所求得者，只能是定理，而非應機之妙理。若積眾定理於心，執而不化，非但成聖不易，反適足以造成聖人之道之死板化。

　　三、本心是否本具先天之踐德動力—此問題實是朱陸在心與理異同上之關鍵點。筆者嘗試對「性向」概念作一分析。在此過程中，筆者發現性向之內涵與自由意志存有一矛盾，我們如果是自由意志之擁護者，就必須承認除性向外，尚有一具足踐德動力之存在，此即象山學中之本心也。

　　四、象山認爲本心即使暫爲氣稟物欲之私所遮蔽，但仍具踐德之大能。本心與氣稟物欲之私如同上、下或裏、外之兩層，下層、外層的氣稟物欲之私固足以遮蔽本心使本心無法呈現起用，但位居上層、內層之本心，其踐德大能並未因之有所增減也。吾

人一但以逆覺或反省之工夫喚醒之，本心踐德大能即可當下呈現，由隱默而彰顯，而足以克除氣稟物欲之私也。在朱子，則認爲位居上層、內層之性體（心之體）並無踐德大能，故須通過即物窮理之工夫積累後天之踐德動力也。

五、心只是道德行爲之形式成素而已，除了心之外，還需要有物，即材質成素爲其補充。每一道德行爲都是形式與材質成素二者之融一。道德行爲之成就，既然除了心之外亦須物之配合，那麼理應對物有所交代。心與物之層次是不相同的，先儒因一心實踐，急欲以心通物而爲一，因而未在物之層面多作停留，故對此二者未曾嚴格劃分開。本文則予物一獨立之反省說明，藉以釐清心對物之融攝問題。此研究不但對朱陸異同之釐清極有助益，同時亦有實踐上之必要性，另一方面亦可展示儒學特有之關於物之一種「知識學問」，而顯儒學之理趣。

六、在一道德情境中，雖未具備所需之某必要知識，但已具備之舊知識可經由本心之重新安排、創造，當下形成該知識。一此是本心之生物大用，筆者認爲象山應肯認之，而朱子則並不承認之。本心有無生物大用，實是朱、陸在心與物異同上之關鍵所在。

七、人之知識活動愈多、知性活動愈頻繁，對之不能化解又無警覺者，本心生物大用受障蔽之可能性便愈大也。朱子學以「知」爲導向之實踐進路易造成本心生物大用之遮蔽，這便是象山堅決反對即物窮理的原因所在。

八、格物時本心須陷於執，方能轉出知性，以窮究物之曲折。若常陷於此知性之執中，往往會對本心造成一種遮蔽。因而對於物之攝取，宜以本心之明爲頭腦，適可爲止。在朱子學中，因採即天下之物而窮其理的實踐進路，本心陷於知性之執遂成常態，

久而久之此知性之執往往會形成一種習氣。欲從此常執之習氣中，驟然跳脫轉變爲無執，並非易事。是以陷於知性之執者，遇本心應發用之機緣，卻每每仍安於所執，而無法成就道德行爲也。

九、在象山學中，所攝入之知識皆求必掛搭於本心之上，與本心融而爲一，此種與心無對之知識，因有本心之明爲其頭腦，故臨事時本心可自由運用之以發揮生物大用也。

十、象山因對知識之攝取自設限制（不可障蔽本心之明），故攝取之數量與融攝之速度必比不上朱子。但以此態度去攝取知識，卻能常保本心之明，而時時有生物大用之發揮也。至於朱子學中，以即物窮理之方式所攝入之知識，數量固可極多。但它們只是掛搭於知性，而以此方式間接地統攝於本心。它們與本心仍是處於相對爲二之狀態，並未直接融入本心而與本心合而爲一，所以它們並無本心之明爲其頭腦，故臨事時本心亦不易運轉之以發揮生物大用也。

十一、以即物窮理方式攝入之每一知識，皆伴隨著一種欲重現其自己之習氣，因而本心如欲運用其中某一知識，就必須一一擺脫其他所有不相干之知識習氣，此非易事也。所以採即物窮理之方式所知得者，能用於相似之道德情境中即已難得。當情境變遷，須本心對已知者發揮生物大用做一轉化方能應用時，更往往不能成功。通過格物工夫所窮得之定理，不易因應不同之道德情境而有其當機之表現。若更執此定理而不化，正適足以抹煞本心創發性地生物大用也。

十二、德性與知性可是互助亦可是互斥之關係。因知性之運用容易產生障蔽德性之執著，故欲求踐履造詣之高者，在實踐之初，恐需對思想之開發稍加抑制，先明本心，以此爲前提，再次第開發思想。若一任知性氾濫，不加節制，此不但有害德性，思

想之開發恐亦會因無源而終要傾倒也。

第二節　實踐之漫忽

　　「踐德成聖」乃儒學之基本精神，朱陸異同是極能凸顯儒學
此種基本精神之絕佳問題。非僅象山念茲在茲而已，踐德成聖亦
爲朱子生命之終極關懷。朱子學之問題只在踐德成聖之主張略有
偏失，不免失之毫釐，差以千里也。[1]此種儒學「重實踐」之基本
精神，在當代可謂已被遺忘矣！牟宗三先生說：

> 自民初以來，我們開始真正與西方文化接觸。學術界大體
> 是以學習西方思考路數爲主。在我們文化傳統中，儒家學
> 術裡，沒有科學，也沒有西方那種表現「智」的思考路數。
> 因此盡量學習這一套，並不算錯。[2]

上述觀點，自民初以來便流行於學術界，至今方興未艾。在今日
以學術分析爲重的研究環境中，一般也是以「認知心」爲進路，
「問題意識」爲核心，來從事所謂的儒學研究。牟先生說：

> 但是寢假以爲這一套便是學術的一切，幾乎忘掉還有另一
> 個學問骨幹的存在。甚至以爲除希臘傳統外，除那種觀解
> 路數以及其所派生的外，一切都不能算學問。因此中國文
> 化生命所結晶成的那套實踐的學問，便真斬絕了，成了一
> 無所有了。這並不是中國之福，甚至也並不是人類文化之
> 福。[3]

1　陽明曰：「吾說與晦庵時有不同者，爲入門下手處有毫釐千里之分，不得不辯。
　然吾之心與晦庵之心，未嘗異也。」請參閱：《王陽明全書》冊一、頁23。
2　牟宗三：《生命的學問》（台北：三民書局，六十九年）頁28。
3　牟宗三：《生命的學問》（台北：三民書局，六十九年）頁28。

牟先生指出，表現「智」的思考路數並不是唯一的路數，儒學也不應以西方的學術標準來衡定價值。牟先生說：

> 我個人二十餘年來，除學習西方那一套外，始終未忘記中國這一面。因此，我常感覺到這二三十年來，凡以西方那種外在的，觀解的思考路數的，其結果卻並不能保住「價值」。凡是那種外在的，觀解的思考路數所決定的學問，對于人性俱無善解。因此，不能知性盡性，即不能開價值之源，樹立價值之主體。[4]

牟先生認為「智的」或「觀解的」思考路數所決定的學問，不能盡性，不能樹立價值主體。當今中國人雖應學習西方之長，但亦不宜枉自菲薄，唯西方馬首是瞻。蓋東、西方的學問進路各有不同，皆有所長也。

其實，用「智的」或「觀解的」思考路數來研究儒學，是很不相應的。只是這種不相應感，當代人對之是愈來愈麻木了。許多人認為以「認知心」為進路的儒學研究便是一切，以致「幾乎忘掉」有所謂「實踐的學問」之存在。不止牟先生有此感，唐君毅先生亦曰：「至于一般知識之增多，寫幾篇學術研究的論文，此不過世俗之學者之所謂進步。這些進步，可能只是一些陷阱之沈入，不足語于真正的學問之進步之列。」[5]時下之學術研究，正如唐先生所說，在求一般之進步，而不足語于「真正的學問」。

「知性獨大」在當代已是一普遍之現象，一般儒學研究者，似渾然不知儒學亦為一「實踐的學問」。影響所及，一般人當其有「人格修養」之需要時，往往只知求之於宗教界，此種現象當

---

4 牟宗三：《生命的學問》（台北：三民書局，六十九年）頁28。
5 唐君毅：《人生之體驗續編》（台北：學生書局，七十七年七月全集校訂版）頁136。

非先儒所樂見。朱子曰：「今學者皆是就冊子上鑽，卻不就本原處理會，只成講論文字，與自家身心都無干涉。須是將身心做根柢。」[6]象山曰：「讀書不必窮索，平易讀之，識其可識者，久將自明，毋恥不知，子亦見今之讀書、談經者乎？歷敘數十家之旨，而以己見終之，開闢反覆，自謂究竟精微，然試探其實，固未之得也，則何益哉？」[7]「講論文字」、「窮索」、「開闢反覆」即是以「認知心」爲進路之研究態度，象山認爲以此態度「歷敘數十家之旨，而以己見終之」，亦可無益於此「真正的學問」。象山又曰：「讀書固不可不曉文義，然只以曉文義爲是，只是兒童之學，須看意旨所在。」[8]「學者須是有志，讀書只理會文義，便是無志。」[9]陽明亦曰：「致良知是學問大頭腦，是聖人教人第一義。今云專求之見聞之末，則是失卻頭腦，而已落在第二義矣。」[10]一友問陽明：「讀書不記得如何？」陽明曰：「只要曉得，如何要記得？要曉得已是落第二義了，只要明得自家本體。若徒要記得，便不曉得。若徒要曉得，便明不得自家的本體。」[11]先儒始終是扣緊「真正的學問」來立說的，與之衝突、背反之一切態度皆在揮斥之列。

　　傳統儒學中，最爲殊勝者，無疑是關於「道德實踐」之種種智慧。我們欲在世間安身立命，不得不通過實踐；欲傳承儒學根源於實踐所成就之哲學慧命，亦必須用心於實踐。自古至今似乎還沒有出現過疏於實踐，而僅僅靠探討學術問題就能成就的「儒

6　《朱子語類》卷百一一三、冊七、頁2783。
7　《象山全集》卷三十五、語錄下、頁29。
8　《象山全集》卷三十五、語錄下、頁2。
9　《象山全集》卷三十五、語錄下、頁2。
10　《王陽明全書》冊一、頁58-59。
11　《王陽明全書》冊一、頁86。

者」。象山講學只不過是要人經由實踐來明自家的本體而已，就連對知識有濃厚興趣，被牟先生判爲「別子爲宗」的朱子，都還十分強調聞見之知與德性之知的關連。在當代，這種內聖之學重實踐之基本精神，幾乎已經被遺忘了。重新喚醒此種重實踐之精神，應是儒學未來應有之方向，亦是當代儒學研究者，責無旁貸之使命。

第三節　儒學之開展

我們可用是否以道德意識爲中心，大體區分爲「德性的」與「非德性的」兩種不同態度。處於德性態度中之本心，固亦有知性之作用存焉（否則如何運用已了解之知識），不過知性在本心明覺感應時，只是處於隱之狀態。處於隱之狀態中之知性，只是隨著本心默運已了解之知識，而無開發新知識之能。

在因欠缺新知識而無法成功本心貫徹之機緣，本心會自覺地要求坎陷，由無執下落爲執，本心之明覺感應乃由顯而隱，知性之認知作用則相對地由隱而顯。本心坎陷轉出知性之目的，便是方便新知識之充份融攝。知性唯有在顯之狀態，新知識方能充分地被攝入。

不過在坎陷狀態中之本心，因其踐德知能無法充全發用，所以本心並不會常停留在此坎陷之狀態。一但所需知識之曲折相被窮盡，本心必然攝之歸己，由坎陷之執再轉爲明覺感應之無執。所以，德性之態度中，知性隱應爲常有，知性顯只是偶有（因知識不足而有）。

象山學當然是以德性態度爲主，朱子因強調即物窮理，較象

山更爲重視知性之運用，甚至有一任知性發展，不加節制之嫌。不過儘管朱子極重知[12]，朱子學仍係以德性態度爲主也。牟宗三先生說：「朱子說格物之主要目的是在就存在之然以推證其超越的所以然。至存在之然自身之曲折，則是由『即物』而拖帶以出，而非其目標之所在。」[13]朱子學之最終目的，顯然亦是爲了要成聖。牟宗三先生說：

> 朱子之「窮在物之理」其目標是在窮其存在之理，並不是窮其存在之然之曲折本身。窮存在之理是哲學的，窮存在之然之曲折本身是科學的。……前者是朱子之本行，後者則是其通過道問學之過程而拖帶出的。就「氣」上建立者是積極的知識，是科學的；就「理」上建立者是哲學的、德性的，無積極知識的意義。而朱子之目標是在後者，故成性理家而非科學家也。[14]

在德性的態度中，爲使本心本有之踐德知能充份發揮作用，知性隱應爲常有，知性顯只爲偶有。此與非德性的態度 ── 如科學 ── 明顯不同。德性之態度，只能成功道德實踐所需之知識（第一義之道問學），並無法成功積極之知識（第二義之道問學）。欲成功積極知識，需知性之作用充分地、經常地顯，方有可能。[15]因而採德性之態度來窮究物（知識），不易建立積極知識（如科學）。

　　傳統儒學以踐德成聖爲目標，故對知識之攝取並不積極，此

---

12 徐復觀先生說：「在朱子的精神中，實在很強烈的躍動著希臘文化系統中的知性活動的要求。」請參閱：《中國思想史論集》（台北：學生書局，七十年）頁35。

13 牟宗三：《心體與性體》第三冊（台北：正中書局，七十年十月台五版）頁386。

14 牟宗三：《心體與性體》第三冊（台北：正中書局，七十年十月台五版）頁365-366。

15 朱子因重知，故其學更易於接駁第二義之道問學。

因踐德成聖所需者，乃第一義而非第二義之道問學。傳統儒學面對第一義道問學之態度，雖不能說已臻完美，但亦似乎不遠矣。先儒處理知識（道德行爲材質成素）之智慧，遠非當代人可及。

五四以來對傳統儒學之不足多所反省，指出傳統儒學未能開出民主、科學是其中顯著之一例。當代中國迫切需要者，似非第一義而係第二義之道問學。有些人甚且認爲傳統儒學根本有礙知識之攝取，而主張棄傳統儒學於不顧。上述批評其實並未考慮傳統儒學之本質。傳統儒學是以踐德成聖之態度來面對知識，就此而言，傳統儒學處理知識之態度已臻成熟。若因傳統儒學處理知識之態度不利民主、科學等之開展，就主張由根剷除之，此乃不知類之主張也。

不過，第二義之道問學既有必要，傳統儒學是否能順應時代之需求做一轉化，以充分融攝之，而使第二義之道問學在儒學，乃至中國文化中真正生根茁壯呢？

筆者以爲儒學之轉化不宜由更動傳統儒學之內容著手，而應去廣開儒學之生面。儒者向來是以踐德成聖爲唯一之目標，欲踐德成聖者對知識自然不須也不宜採積極之態度（只取第一義不取第二義以下）。可是時至今日，儒學應可有多元化之發展。傳統儒學踐德成聖之主張當然應該維持、發揚，且欲踐德成聖者，只宜取象山、陽明之進路。但除此之外，亦應廣納善流、「量力度德」（象山語）[16]也。儒學應可有求真之科學家等，而不必曰學不見道；儒學亦可有求美之藝術家等，而不必曰枉費精神[17]。當然儒

---

16 象山曰：「人皆可以爲堯舜，此性此道，與堯舜元不異。若其才，則有不同，學者當量力度德。」請參閱：《象山全集》卷三十五、語錄下、頁18。

17 象山曰：「志道、據德、依仁，學者之大端。」《象山全集》卷三十五、語錄下、頁3。「棋所以長吾之精神，瑟所以養吾之德性。藝即是道，道即是藝，豈惟二物，於此可見矣。」《象山全集》卷三十五、語錄下、頁31。「主於

學仍應有成德之聖賢，自不待言。此儒學之科學家、藝術家，與一般科學家、藝術家不同之處，在於一般科學家、藝術家可只求真或求美，而不必兼顧善。儒學之科學家、藝術家則皆須爲君子，不但求真、求美，亦求善也。儒學是以道德意識爲中心來說明人類一切活動的意義，當代儒學之轉化，亦不應違背此一前提。

　　從本心坎陷之角度言，此轉化亦是可能的。本心亦有認知、審美之作用存焉，只不過處於德性態度中之本心，其認知、審美之作用是常處於隱之狀態。常處於隱之狀態中之認知心與審美心，並無法使人成爲科學家、藝術家等。是以儒學應允許本心可經由坎陷經常（如一日之中大半時間）停留在認知與審美之狀態，以利科學、藝術等之充份發展，而不必曰「君子不爲也」。大略而言，本心經常停留在坎陷之狀態，對其本有之踐德知能自然會形成一種限制，故若採此進路，人恐不易成聖、成賢。但儒學並不需要滿街之聖賢，亦無此可能。即使真有可能，只成就善之價值，卻犧牲真、美等其他價值，亦非儒者所樂見也。

道，則欲消，而藝亦可進；主於藝，則欲熾，而道亡，藝亦不進。」《象山全集》卷三十五、語錄下、頁 3。「不愛教小人以藝，常教君子以藝。蓋君子得之，不以爲驕，不得，不以爲歉。小人得以爲吝敗常亂教。」《象山全集》卷三十五、語錄下、頁 15。廣開儒學之生面，則道即是道，藝即是藝，道藝不分之觀點，應予以簡別。除志道、據德、依仁之外，亦可言遊藝爲學者之大端。人可主於道，亦可主於藝。唯主於藝者仍應儘量約之以道，自不待言。

後 記

　　由法律系降轉至哲學系之前，我只讀過曾昭旭、唐君毅先生關於人生方面的一些書籍（如《從電影看人生》、《人生之體驗續編》等）。當時，孤陋寡聞的我以為哲學所要學的，就是儒家「踐德成聖」的那種學問。轉入哲學系之後，才發現根本不是那麼一回事。

　　猶記得博士班資格考之後，便將博士論文閒置。約一、二年之後，蔡老師見全無動靜，託人捎來「甚為掛念」之訊息，那時我才開始積極地撰寫。畢業之後，蔡老師早早就將此書之序言寫好，但那時覺論文尚有可修之處，況且我還年輕，思想尚未成熟，便將修改、出版之事擱置。一擱數年，負蔡老師多矣！

　　這些年來，若要說我有何長進，那應是在對本心「情遮」的了解這方面。愚見以為，本心之「欲遮」，先儒之言盡矣、備矣；本心之「知遮」，象山雖已觸及，唯尚有「十字打開」（象山語）之空間；本心之「情遮」，先儒則不甚措意。「情遮」對本心之影響大矣，宜慎重正視之。一位小時候被酒醉父親毒打之法師，可能見酒醉者便怒不可抑，火燒功德林。欲逃避內心不想面對之情緒，亦可能是我們埋首於思辨，陷於知性之執而無法超脫之原因。近代心理學家對此領域之發明極為可觀，唯因他們不識本心，所言未能透徹。今宜以儒家之智慧融攝之，發展出儒家處理本心情緒性遮蔽物之究竟智慧。對「情遮」此一領域之學思所得，未來

期能發表於《本心三遮─欲遮、知遮、情遮》一書。博士論文出版之事，則不應再拖。今將博論略加修改後付梓，期能解蔡師長久之懸念。

王大德 2009 年 4 月

參　考　資　料

一、原典之類

甲、朱子之部

朱熹：《朱子大全》台北：中華書局，五十九年。

朱熹：《朱文公文集》台灣：商務印書館，六十八年。

朱熹：《四書章句集註》台北：鵝湖出版社，七十三年。

朱熹：《四書集註》台北：漢京文化公司，七十六年。

朱熹：《周易本義》台北：文化圖書公司，七十八年。

朱熹：《易學啓蒙》台北：武陵出版社，七十八年。

朱熹：《詩集傳》台北：中華書局，五十九年。

朱熹，黎靖德編：《朱子語類》台北：文津出版社，七十五年。

朱熹，黎靖德編：《朱子語類》北京：中華書局，1986 年。

朱熹，黎靖德編：《朱子語類》台北：漢京文化公司，六十九年。

朱熹，呂祖謙，江永注：《近思錄集注》台北：中華書局，六十九
　　年。

朱熹，呂祖謙，張伯行注：《近思錄集注》香港：商務印書館，1985
年。

乙、象山之部

陸九淵：《象山全集》台北：中華書局，六十八年。

陸九淵：《象山全集》台灣：商務印書館，六十八年。

陸九淵：《陸象山全集》台北：世界書局，七十九年。

丙、其　餘

王陽明：《王陽明全書》台北：正中書局，六十五年。
王陽明：《陽明傳習錄》台北：世界書局，七十九年。
王懋竑：《朱子年譜》台北：世界書局，七十三年。
周敦頤，胡寶瑛編：《周子全書》台北：武陵出版社，七十九年。
張載：《張載集》台北：漢京文化公司，七十二年。
程顥、程頤：《二程全書》台北：中華書局，七十五年。
程顥、程頤：《二程集》台北：漢京文化公司，七十二年。
黃宗羲：《宋元學案》台北：華世出版社，七十六年。
黃宗羲：《明儒學案》台北：華世出版社，七十六年。

二、專著之類

王邦雄：《中國哲學論集》台北：學生書局，七十五年。
王邦雄等：《論語義理疏解》台北：鵝湖出版社，七十八年。
王邦雄等：《孟子義理疏解》台北：鵝湖出版社，七十八年。
王開府：《儒家倫理學析論》台北：學生書局，七十五年。
方東美：《新儒家哲學十八講》台北：黎明文化公司，七十四年。
方東美：《生生之德》台北：黎明文化公司，六十九年。
牟宗三：《現象與物自身》台北：學生書局，七十三年。
牟宗三：《中國哲學十九講》台北：學生書局，七十二年。
牟宗三：《中西哲學之會通十四講》台北：學生書局，七十九年。
牟宗三：《中國哲學的特質》台北：學生書局，七十六年。
牟宗三：《智的直覺與中國哲學》台北：商務印書館，七十六年。
牟宗三：《從陸象山到劉蕺山》台北：學生書局，七十三年。

牟宗三：《心體與性體》台北：正中書局，七十年。

牟宗三：《圓善論》台北：學生書局，七十四年。

牟宗三：《生命的學問》台北：三民書局，六十九年。

牟宗三譯註：《康德的道德哲學》台北：學生書局，七十二年。

李明輝：《儒學與現代意識》台北：文津出版社，八十年。

李明輝：《康德倫理學與孟子道德思考之重建》中央研究院中國文
　　哲研究所，八十三年。

李明輝：《儒家與康德》台北：聯經出版社，七十九年。

李日章：《程顥·程頤》台北：東大圖書公司，七十六年。

岑溢成：《大學義理疏解》台北：鵝湖出版社，八十年。

林安梧：《現代儒學論衡》台北：業強出版社，七十六年。

林繼平：《陸象山研究》台北：商務印書館，七十二年。

林慶彰：《朱子學研究書目》台北：文津出版社，八十一年。

姜允明：《心學的現代詮釋》台北：東大圖書公司，七十七年。

祝平次：《朱子學與明初理學的發展》台北：學生書局，八十三年。

范壽康：《朱子及其哲學》台北：開明書局，六十五年。

唐君毅：《文化意識與道德理性》台北：學生書局，七十五年。

唐君毅：《中國文化之精神價值》台北：正中書局，六十八年。

唐君毅：《中西哲學思想之比較論文集》台北：學生書局，七十七
　　年。

唐君毅：《生命存在與心靈境界》台北：學生書局，七十五年。

唐君毅：《哲學論集》台北：學生書局，七十九年。

唐君毅：《中國哲學原論·導論篇》台北：學生書局，七十五年。

唐君毅：《中國哲學原論·原性篇》台北：學生書局，七十三年。

唐君毅：《中國哲學原論·原教篇》台北：學生書局，七十三年。

唐君毅：《道德自我之建立》台北：學生書局，七十二年。

唐君毅：《人生之體驗續編》台北：學生書局，七十七年。

徐復觀：《中國思想史論集》台北：學生書局，七十年。

徐復觀：《中國思想史論集續編》台北：時報文化公司，七十四年。

徐復觀：《中國人性論史》台北：商務印書館，七十三年。

袁保新：《孟子三辨之學的歷史省察與現代詮釋》台北：文津出版
　　社，八十一年。

高柏園：《中庸形上思想》台北：東大圖書公司，八十年。

孫振青：《宋明道學》台北：國立編譯館，七十五年。

秦家懿：《王陽明》台北：東大圖書公司，七十六年。

張立文：《朱熹思想研究》北京：中國社會科學出版社，1981 年。

張立文：《宋明理學研究》北京：人民大學出版社，1985 年。

張立文：《朱熹與退溪思想比較研究》台北：文津出版社，八十四
　　年。

陳來：《朱子書信編年考證》上海：人民出版社，七十八年。

陳來：《朱熹哲學研究》北京：中國社會科學出版社，1987 年。

陳榮捷：《朱熹》台北：東大圖書公司，七十九年。

陳榮捷：《朱子新探索》台北：學生書局，七十七年。

陳榮捷：《朱學論集》台北：學生書局，七十一年。

陳榮捷：《近思錄詳註集評》台北：學生書局，八十一年。

陳德仁：《象山心學之比較研究》台北：學生書局，六十三年。

勞思光：《新編中國哲學史》台北：三民書局，七十八年。

曾昭旭：《道德與道德實踐》台北：漢光出版社，七十二年。

曾春海：《晦庵易學探微》台北：輔仁大學出版社，七十二年。

曾春海：《陸象山》台北：東大圖書公司，七十七年。

曾春海：《儒家哲學論集》台北：文津出版社，七十八年。

曾春海：《朱熹易學析論》台北：輔仁大學出版社，七十九年。

曾春海：《朱熹哲學論叢》台北：文津出版社，九十年。

馮耀明：《中國哲學的方法論問題》台北：允晨文化公司，七十八
　　年。

項退結編譯：《西洋哲學辭典》台北：華香園出版社，七十八年。

傅偉勳：《從西方哲學到禪佛教》台北：東大圖書公司，八十年。

傅佩榮：《儒道天論發微》台北：學生書局，七十七年。

馮友蘭：《中國哲學史新編》台北：籃燈文化公司，八十年。

楊祖漢：《儒家的心學傳統》台北：文津出版社，八十一年。

楊祖漢：《儒學與康德的道德哲學》台北：文津出版社，七十六年。

楊祖漢：《當代儒學思辨錄》台北：鵝湖出版社，八十七。

楊祖漢：《中庸義理疏解》台北：鵝湖出版社，七十九年。

蔡仁厚：《儒家心性之學論要》台北：文津出版社，七十九年。

蔡仁厚：《孔孟荀哲學》台北：學生書局，七十三年。

蔡仁厚：《新儒家的精神方向》台北：學生書局，七十八年。

蔡仁厚：《中國哲學的反省與新生》台北：正中書局，八十三年。

蔡仁厚：《宋明理學‧北宋篇》台北：學生書局，八十四年。

蔡仁厚：《宋明理學‧南宋篇》台北：學生書局，八十二年。

熊琬：《朱子理學與佛學之探討》台北：文津出版社，七十四年。

劉述先：《朱子哲學思想的發展與完成》台北：學生書局，七十三
　　年。

劉述先：《文化與哲學的探索》台北：學生書局，七十五年。

劉述先：《生命情調的抉擇》台北：學生書局，七十四年。

劉述先：《中西哲學論文集》台北：學生書局，七十六年。

蒙培元：《理學的演變》台北：文津出版社，七十九年。

蒙培元：《理學範疇系統》北京：人民出版社，1989 年。

蒙培元：《中國心性論》台北：學生書局，七十九年。

錢穆：《宋明理學概述》台北：學生書局，七十三年。

錢穆：《中國思想史》台北：學生書局，六十六年。

錢穆：《朱子新學案》台北：三民書局，七十八年。

三、論文之類

王大德：〈評介《當代新儒學論文集・外王篇 ─ 關於良知的自我坎陷的討論》〉鵝湖學誌，第十四期，八十四年六月。

王大德：〈牟宗三先生良知坎陷說之詮釋〉收錄於《牟宗三先生與中國哲學之重建》台北：文津出版社，八十五年。

王大德：〈道德行爲成素之分析〉警專學報，第二卷，第六期，八十八年六月。

成中英：〈論朱子哲學的理學定位與其內涵的圓融和條貫問題〉國際朱子學會議，台北，中央研究院，1992 年五月。

成中英：〈原性與圓性：論性即理與心即理的分殊與融合問題 ─ 兼論心性哲學的發展前景〉漢學研究，第十三卷，第一期，八十四年六月。

李明輝：〈朱子論惡之根源〉國際朱子學會議，台北，中央研究院，1992 年五月。

李志林：〈論朱熹理一分殊說的積極意義〉哲學與文化，第二十卷，第十期，八十二年十月。

邱黃海：〈儒學理論與具體實踐之關聯初探 ─ 以象山學與朱子學爲例〉鵝湖月刊，第十三卷，第九期，七十七年三月。

林惠勝：〈試論朱陸異同─以心性論爲主〉台南師院學報，第二十四期，八十年六月。

祝平次：〈「性即理 ─ 心即理」與「理學 ─ 心學」─ 略論兩對判分程朱、陸王學說的概稱的使用〉中國文學研究，第四

期，七十九年五月。

高予遠：〈對朱王格物致知概念的界定與評價〉中國文化月刊，第
　　二一四期，八十七年一月。

孫效智：〈論朱陸異同與會通〉哲學與文化，第十四卷，第五期，
　　七十六年五月。

唐亦男：〈朱熹在傳統儒學中地位之批判與認定：別子爲宗 —— 心
　　體與性體一書之宏觀與通識舉隅〉鵝湖月刊，第十五卷，第
　　九期，七十九年三月。

陶國璋：〈宋代儒學由形上性體義轉化至心即理之義理發展〉鵝湖
　　月刊，第十四卷，第一期，七十七年七月。

陳傳芳：〈從朱陸異同論中國學術主客觀問題－朱陸思維方式探
　　微〉人文及社會學科教學通訊，第五卷，第二期，八十三年
　　八月。

黃甲淵：〈心學的道德形上學研究〉東海大學哲學研究所博士論
　　文，八十四年。

傅佩榮：〈存在與價值之關係問題〉「存在與價值研討會」論文，
　　台北：國立台灣大學哲學系，八十年。

張恭銘：〈朱陸論辯〉國立編譯館館刊，第二十六卷，第二期，八
　　十六年十二月。

張念誠：〈象山人格教育思想之研究 —— 以生活化儒學爲中心的展
　　開〉中央大學中國文學研究所碩士論文，八十年。

張璉：〈從自得之學論朱陸異同〉漢學研究，第十三卷，第二期，
　　八十四年十二月。

楊祖漢：〈李栗谷對朱子哲學的詮釋〉國際朱子學會議，台北，中
　　央研究院，1992 年五月。

蒙培元：〈朱熹的心靈境界說〉國際朱子學會議，台北，中央研究

院，1992 年五月。

蔡仁厚：〈朱子的工夫論〉國際朱子學會議，台北，中央研究院，1992 年五月。

劉述先：〈宋明儒學的特質及其現代意義〉哲學年刊，第三期，七十四年六月。

劉述先：〈朱熹的思想究竟是一元論或是二元論？〉中國文哲研究集刊，創刊號，八十年三月。